AF567498

Mit diesem Buch ist die RENTE SICHER

Praktische Methoden und Strategien, um die Rentenlücke zu schließen

Inkl. Beiträgen von Anaïs Cosneau, Christian Lange, Andreas Limoser, Stefan Kemmler

Clemens Schömann-Finck

Bibliografische Information der Deutschen Nationalbibliothek.

Die Deutsche Nationalbibliothek verzeichnet diese Publikation in der Deutschen Nationalbibliografie; detaillierte bibliografische Daten sind im Internet über http://dnb.dnb.de abrufbar.

Für Fragen und Anregungen:
info@eulogiaverlag.de

ISBN Softcover: 978-3-96967-403-1
ISBN eBook: 978-3-96967-404-8

Originale Erstausgabe 2024

Eulogia Verlags GmbH
Gerhofstraße 1–3
20354 Hamburg

Lektorat: Sandra Pichler
Satz und Layout: Tomasz Dębowski
Covergestaltung: Aleksandar Petrović

Mit diesem Buch ist die RENTE SICHER

Praktische Methoden und Strategien, um die Rentenlücke zu schließen

Inkl. Beiträgen von Anaïs Cosneau, Christian Lange, Andreas Limoser, Stefan Kemmler

Inhaltsverzeichnis

Du bist der Retter deiner Rente!
Einleitung

Eigentlich ist die Rente doch etwas Schönes! So toll und erfüllend der Job auch sein mag – sein Ding machen zu können, ohne Verpflichtungen und Verantwortungen, ist doch etwas anders. Lange schlafen, spontane Urlaube und Zeit für die Familie, die vielleicht jahrelang unter der Arbeit leiden musste, statt nerviger Meetings, Stress und Ärger mit Kollegen oder Kunden.

Doch statt mit Vorfreude schauen immer mehr Menschen mit Angst auf ihren Ruhestand – wahrscheinlich auch du, sonst hättest du ja nicht dieses Buch in die Hand genommen. Ich kann das verstehen. Denn kaum eine Woche vergeht, ohne dass Zeitungen und Online-Portale über drohende Altersarmut und die Probleme im Rentensystem berichten. Kein Wunder, dass sich da jeder fragt, wie das Leben in der Rente aussehen wird, ob man wirklich die freie Zeit genießen kann oder sparen muss, weil das Geld nicht reicht.

Die gute Nachricht vorweg: Es gibt keinen Grund, Angst zu haben! Um es klarzustellen: Ich will hier nichts beschönigen. Natürlich sind die Probleme unseres Rentensystems immens und die gesetzliche Rente ist kein Garant mehr für ein sorgenfreies Leben im Alter. Aber viele Berichte über drohende Altersarmut sind aus meiner Sicht Panikmache. Warum, das wirst du später in diesem Buch lesen.

Doch das Wichtige ist: Du kannst etwas dafür tun, um später noch eine gute Zeit zu haben. Ob du mit einem Rotwein oder einem Glas Wasser abends auf dem Balkon sitzt und dir den Sonnenuntergang anschaust, und ob die Sonne hinter dem Lavendelfeld untergeht oder hinter dem Hochhaus gegenüber, hängt von den Entscheidungen ab, die du jetzt triffst. Von dir hängt es ab, wie dein Leben in der Rente sein wird. Und je schneller du dir dieser Verantwortung und dieser Chance bewusst wirst und entsprechend handelst, umso besser.

Mit diesem Buch will ich dir dabei helfen. Ich will dir helfen, damit du später ein Leben ohne große Geldsorgen führen kannst und du auch noch ein bisschen was übrig hast, um dir was zu gönnen. Ja, die Rente später wird nicht üppig sein. Dagegen hilft aber kein Jammern. Du musst übernehmen!

Dafür ist es zuerst einmal wichtig, dass du verstehst, wie die gesetzliche Rente funktioniert und du die Hebel im System kennst, um mehr für dich rauszuholen. Genauso wichtig ist es aber, dass du erkennst, warum die gesetzliche Rente allein nicht ausreichen wird. Deswegen werde ich dir auch die Probleme des Rentensystems klar und deutlich aufzeigen.

Im zweiten Teil will ich dir zeigen, wie du selbst aktiv werden kannst. Denn einfach nur zu hoffen, dass alles auf wundersame Weise besser wird und die gesetzliche Rente entgegen aller Wahrscheinlichkeiten doch noch für einen Ruhestand ohne Geldsorgen reicht, ist keine Strategie. Deshalb erkläre ich dir, wie du fürs Alter zusätzlich vorsorgen kannst. Ob Aktien und ETFs, Betriebsrente oder Immobilien – du hast es in der Hand, dir deinen Lebensstandard für später zu sichern. Hier wirst du die besten Tipps der Top-Experten wiederfinden, die ich regelmäßig für meinen YouTube-Kanal „René will Rendite“ interviewe. Ich habe auch tolle Gastautoren gefunden, die Beiträge zu dem Buch beigesteuert haben.

Also, um es noch einmal zusammenzufassen: In diesem Buch wirst du erfahren

- wie sich die deine Rente berechnet und wie du sie erhöhen kannst;
- vor welchen Problemen die gesetzliche Rente steht;
- wie du abschätzen kannst, wie viel Geld du im Alter brauchst;
- wie du schon morgen beginnen kannst, vernünftig und verantwortungsvoll vorzusorgen, um im Alter nicht arm zu sein;
- wie die Altersvorsorge mit ETFs, Aktien, Immobilien, Betriebsrente, Basisrente und Rentenversicherung funktioniert und was die Vor- und Nachteile sind.

Wie schon in meinem ersten Buch „Geldanlage war noch nie so wichtig wie heute“ war es mir auch dieses Mal wichtig, kompakt, gut verständlich und praxisnah zu schreiben. Das geht an manchen Stellen auf Kosten der Genauigkeit. Sieh mir das bitte nach. Ich wollte hier keine wissenschaftliche Arbeit schreiben. Sondern das Lesen soll auch Spaß machen – und das tut es aus meiner Sicht nicht, wenn noch ständig ein Nebensatz mit irgendwelchen Präzisierungen und Einschränkungen oder Erläuterungen für Sonderfälle kommt.

Ich habe außerdem versucht, mich aufs Wesentliche zu konzentrieren, um keinen Wälzer zu schreiben, der schon von vorneherein durch seine Dicke abschreckend ist. Das heißt, es geht in meinem Buch vor allem um die reguläre Altersrente, nicht in jedem Detail und jeder Ausnahme, sondern um die Grundzüge, damit du das System verstehst. Die Rentenversicherung leistet zwar noch viel mehr wie die Rente wegen Erwerbsminderung, die Rente für schwerbehinderte Menschen oder Renten für Hinterbliebene. Das alles werde ich aber höchstens am Rande streifen. Zu vielen Punkten findest du aber Hinweise, wo du weitere Informationen findest, wenn du die Themen vertiefen möchtest.

Noch ein kurzer Hinweis zum Schluss: Das Buch dient nur der Information und stellt keine Anlageberatung dar. Wenn ich konkrete Produkte und Aktien nenne, geschieht das nur beispielhaft und ist keine Empfehlung.

Also, bist du bereit? Dann lass uns loslegen!

Wie deine Rente berechnet wird

Dass du jeden Monat in die Rentenversicherung einzahlst, weißt du bestimmt. Das Geld geht sofort von deinem Gehalt ab, genauso wie die Beiträge zur Arbeitslosenversicherung oder zur gesetzlichen Krankenversicherung. Es ist gar nicht wenig, was da jeden Monat für die Rentenversicherung abgeht. Keine der Sozialversicherungen kostet dich mehr. Aktuell (2024) liegt der Beitrag bei 18,6 Prozent. Davon entfällt die Hälfte auf dich und die andere Hälfte auf deinen Arbeitgeber. Jeder zahlt 9,3 Prozent.

Aber wusstest du auch, dass du von dem Geld, das du jeden Monat einzahlst, nichts bekommen wirst? Ja, das ist so! Das Geld fließt nicht auf irgendein Konto bei der Rentenversicherung mit deinem Namen und wenn du in Rente gehst, bekommst du von diesem Konto jeden Monat etwas ausgezahlt. So funktioniert unser System nicht.

Unser Rentensystem basiert auf dem Prinzip der Umlagefinanzierung – kein schönes Wort, ich weiß. Manchmal komme ich um diese technischen Ausdrücke leider nicht drumherum. Was bedeutet dieser Ausdruck? Nun, Umlagefinanzierung heißt, dass die durch Beiträge aufgebrachten Mittel sogleich in die gesetzlich vorgeschriebenen Leistungen umgelegt werden. Im Falle der Rente bedeutet das, dass die Beitragszahler nicht für die eigene Rente ansparen[1], sondern die Bezüge der aktuellen Rentnergeneration bezahlen. Im Gegenzug erwirbst du Ansprüche. Das heißt, wenn du eines Tages in Rente gehst, wird die nächste Generation deine Rente zahlen. Wie viel das sein wird und wovon das abhängt, dazu komme ich gleich.

1 Dieses Modell gibt es auch. Es nennt sich Kapitaldeckungsverfahren. Hier werden die eingezahlten Beiträge angelegt und die Erträge zusammen mit dem angesparten Vermögen später ausgezahlt. Dazu später mehr.

Vielleicht hast du schon mal den Begriff „Generationenvertrag“ gehört. Genau darum geht es dabei: Die jüngere Generation zahlt die Rente der älteren Generation: Die Rentenversicherung sammelt jeden Monat die Beiträge der Beschäftigten ein und zahlt sie an die Rentner aus.[2] Im folgenden Monat wiederholt sich das Spiel. Pro Monat sind das 25,8 Milliarden Euro[3], die die Rentenversicherung an Rentenausgaben überweist. Das Geld, das von deinem Gehalt abgeht, wandert auch in diesen großen Topf. Du siehst davon nichts. Viel Puffer hat die Rentenversicherung nicht. Die Rücklagen betrugen im Jahr 2022 knapp 42,7 Milliarden Euro. Das reicht also nicht einmal für zwei Monate. Du musst dich entsprechend darauf verlassen, dass an dem Tag, an dem du in Rente gehst, genügend Geld in diesem Topf drin ist und auch du deine Rente erhältst.

Sozusagen das Gegenstück dazu ist die kapitalgedeckte Rente. Hier spart jeder – vereinfacht gesagt – Geld auf einem Konto an und erhält es im Ruhestand ausgezahlt. Ein großer Vorteil: Jeder ist für seine Rente selber verantwortlich. Viele der Probleme, die wir heute in unserem Rentensystem haben, hätten wir nicht. Beim Kapitaldeckungsverfahren ist es zum Beispiel egal, wie viele Kinder zur Welt kommen oder ob die Lebenserwartung steigt. Ein wichtiger Nachteil: Wenn das Konto leer ist, ist es leer. Wer falsch kalkuliert hat, also zu wenig eingezahlt oder zu viel ausgegeben hat, steht dann irgendwann ohne Geld da und muss sehen, wo er bleibt.

Halten wir fest: Du zahlst jeden Monat Geld in die Rentenversicherung ein. Das Geld bekommst jedoch nicht du im Alter, sondern die aktuelle Rentnergeneration. Mit der Zahlung erwirbst du aber den Anspruch, dass dir jemand deine Rente zahlen wird, wenn es so weit ist.

Was für dich jetzt vielleicht noch ein Schock ist: Wie viel du im Alter erhältst, hat nichts mit deinen monatlichen Beiträgen zu tun.

---

2 Zu den Einnahmen aus Beiträgen kommen Zuschüsse des Bundes.

3 Stand 2021, Umrechnung auf Monatsbasis. Die Rentenausgaben betrugen im Jahr 2021 insgesamt rund 310,7 Milliarden Euro. Siehe Rentenversicherungsbericht 2022, S. 29.

Dieser Punkt spielt eine ganze wichtige Rolle beim Thema „Generationengerechtigkeit“, doch dazu später mehr, wenn wir uns die Probleme der Rente anschauen. Mit anderen Worten: Wenn der Beitrag zur Rentenversicherung von 18,6 auf 20 Prozent steigt, bedeutet das nicht, dass du 7,5 Prozent mehr Rente erhältst.

„Wieso 7,5 Prozent?“, fragst du jetzt vielleicht. „Die Differenz zwischen 20 und 18,6 sind doch 1,4?“ Ja, das stimmt. Aber hier ist es wichtig, zwischen Prozentpunkten und Prozent zu unterscheiden. Der Anstieg von 18,6 auf 20 Prozent beträgt 1,4 Prozentpunkte. Wenn du diesen Wert nun nimmst und ins Verhältnis zum alten Beitragssatz von 18,6 Prozent setzt, kommst du auf den genannten Anstieg von 7,5 Prozent. Oder um es nochmal an einem einfachen Beispiel zu erklären: Von 5 auf 7,5 Prozent ist ein Anstieg um 2,5 Prozentpunkte, in Prozent ausgedrückt beträgt das Plus aber 50 Prozent (2,5 sind ja die Hälfte von fünf Prozent).

Es ist also nicht so sehr die Höhe deines Beitrags, die maßgeblich für deine Rente ist. Entscheidend sind andere Faktoren. Hierfür möchte ich mir mit dir die Rentenformel anschauen. Sie ist der Schlüssel zur Höhe deiner späteren Rente.

Die Rentenformel entschlüsselt

Wenn du wissen willst, welche Faktoren einen Einfluss auf deine Rente haben, musst du die Rentenformel verstehen. Sie ist die Basis, wenn es um die Höhe der monatlichen Überweisung im Alter geht. In ihr kommt alles zusammen, was Bedeutung hat. So sieht die Rentenformel aus:

mRH = EP× ZF × aRW × RAF

Dabei bedeuten die Abkürzungen:

- mRH = monatliche Rentenhöhe
- EP = Entgeltpunkte
- ZF = Zugangsfaktor

- aRW = aktueller Rentenwert
- RAF = Rentenartfaktor

Eigentlich gar nicht so kompliziert, oder? Und auch die Rechnung sieht gar nicht so schwer aus. Ein paar Multiplikationen, das war es!

So einfach ist es dann leider doch nicht. Die einzelnen Bestandteile mit den merkwürdigen Bezeichnungen wie Entgeltpunkt oder Rentenwert haben es ziemlich in sich. Aber keine Sorgen, wir werden das alles Schritt für Schritt durchgehen. Also, zoomen wir mal in die Formel rein. Dafür schreibe ich hier sie nochmal etwas anders auf:

mRH = (EP x ZF) x (aRW x RAF)

Wie du siehst, habe ich nun zwei Klammern gesetzt. Mathematisch machen sie natürlich keinen Unterschied, aber sie gliedern die Rentenformal in zwei unterschiedliche Teile. Was die beiden Teile unterscheidet: den linken Teil der Formel kannst du beeinflussen, den rechten nicht.

Entgeltpunkte und Zugangsfaktor

Schauen wir uns zuerst den linken Teil (EP x ZF) an und zoomen hier noch näher ran: Was bedeuten nun Entgeltpunkte und Zugangsfaktor? Fangen wir mit den Entgeltpunkten an. Wie vorhin schon geschrieben, spielen deine Einzahlungen in die Rentenversicherung keine Rolle. Es gibt dort kein Konto, auf das jeden Monat Geld für dich wandert. Was es aber gibt, ist eine Konto für die Entgeltpunkte, die du jedes Jahr sammelst.

Diese Punkte spiegeln dein Berufsleben mit allen Auszeiten und Gehaltserhöhungen wider. In der Fachsprache ist hier auch vom „Prinzip der Lebensleitung“ bzw. vom „Äquivalenzprinzip“ die Rede. Im Gesetz heißt es: „Die Höhe einer Rente richtet sich vor allem nach der Höhe der während des Versicherungslebens durch Beiträge versicherten Arbeitsentgelte und Arbeitseinkommen.“[4] Mit einfachen Worten

4 SGB VI, $63, Abs. 1

ausgedrückt: Wer mehr verdient als die anderen, bekommt auch eine höhere Rente.

Wie das funktioniert? Nun, für die Berechnung der Entgeltpunkte wird dein Einkommen ins Verhältnis zum Durchschnittseinkommen gesetzt. Du erwirbst einen Entgeltpunkt, wenn dein Einkommen genauso hoch ist wie das Durchschnittseinkommen. Liegt es drunter, bekommt du weniger als einen Entgeltpunkt, wenn es drüber liegt, mehr. Wenn du also die Hälfte des Durchschnittseinkommens verdienst, bekommst du für das Jahr 0,5 Entgeltpunkte. Verdienst du das 1,5-Fache, wandern 1,5 Punkte auf Dein Konto. Die Entgeltpunkte werden bis auf vier Stellen nach dem Komma berechnet.

Fällt dir dabei etwas auf? Zwei Dinge spielen hier keine Rolle: Die Entgeltpunkte sind unabhängig von der jeweiligen Höhe des Beitragssatzes ebenso wie von der absoluten Höhe deines Bruttoeinkommens in den zurückliegenden Kalenderjahren. Das heißt: Deine Rente steigt nicht, wenn der Beitrag steigt und selbst wenn dein Einkommen gleich bleibt, kann es sein, dass du immer weniger Entgeltpunkte sammelst – nämlich dann, wenn das Durchschnittseinkommen wächst.

Niemand kann aber beliebig viele Entgeltpunkte in einem Jahr sammeln, also Top-Manager zum Beispiel, die ein paar Hunderttausend Euro im Jahr verdienen. Es gibt einen Deckel: die sogenannte Beitragsbemessungsgrenze. Alles, was drüber liegt, zählt dann nicht mehr für die Berechnung. Beide Werte, Durchschnitteinkommen und Beitragsbemessungsgrenze, werden jährlich festgesetzt.

Hier mal ein paar Beispielberechnungen, um es deutlicher zu machen. Ich habe einfach mal eine willkürliche Einkommensentwicklung unterstellt. Grund für die Einkommenssteigerungen können zum Beispiel Gehaltserhöhungen, Beförderungen oder Jobwechsel sein.

Fleißiges Punktesammeln für die Rente

Jahr	Beitragsbemessungs-grenze (In Euro)	Durchschnitts-entgelt (in Euro)	eigenes Gehalt (in Euro)	gesammelte Entgeltpunkte
2010	66 000	31 144	32 500	1,0435
2011	66 000	32 100	32 500	1,0125
2012	67 200	33 002	33 200	1,0060
2013	69 600	33 659	33 500	0,9953
2014	71 400	34 514	33 500	0,9706
2015	72 600	35 363	34 100	0,9643
2016	74 400	36 187	34 100	0,9423
2017	76 200	37 077	34 600	0,9332
2018	78 000	38 212	34 600	0,9055
2019	80 400	39 301	35 050	0,8918
2020	82 800	39 167	36 500	0,9319
2021	85 200	40 463	37 200	0,9194
2022*	84 600	38 901	37 900	0,9743
2023*	87 600	43 142	39 200	0,9086
Gesamt:				13,3992

*Die Zahl der Entgeltpunkte ergibt sich aus dem Verhältnis des eigenen Einkommens zum Durchschnittseinkommen. Wer genauso viel verdient wie der Durchschnitt, bekommt einen Entgeltpunkt. Quelle: DRV; * = vorläufige Werte*

Für die Jahre 2010 bis 2023 hast du also 13,3992 Entgeltpunkte erworben. Und so geht das weiter, dein ganzes Berufsleben. Wenn du in Rente gehst, hast du also auf einem Konto 40,1254 Entgeltpunkte oder 44,3721 oder vielleicht auch 32,5871– je nachdem, wie lange du eingezahlt hast und wie gut du in deinen Jahren im Job verdient hast (und je nachdem, wie sich das allgemeine Durchschnitteinkommen entwickelt hat). Im Anhang habe ich dir einen Rechner verlinkt. Da kannst du sehen, wie sich deine Rente verändert, je nachdem, wie hoch die Zahl der Entgeltpunkte ist.

Die Zahl deiner Entgeltpunkte, die du bis zu deiner Rente sammelst, hat entscheidenden Einfluss darauf, wie viel Geld du später einmal erhalten wirst. Die Entgeltpunkte sind zwar nur einer von vier

Bestandteilen der Rentenformel, in ihrer Bedeutung gehören sie aber zusammen mit dem aktuellen Rentenwert zu den wichtigsten. Je mehr Entgeltpunkte du hast, desto höher wird deine Rente sein. Sie verknüpfen dein Einkommen während deines Berufslebens mit den Zahlungen im Alter. Das ist durchaus fair: Schließlich zahlst du gemäß deinem Einkommen in die Rentenversicherung ein. Der Beitrag ist ja ein prozentualer Anteil. Wer mehr verdient, zahlt auch eine größere Summe ein und sollte davon auch später profitieren.

Kommen wir nun zum **Zugangsfaktor**. Über diese Komponente der Rentenformel wird abgebildet, wann du in Rente gehst. Er beträgt 1,0, wenn du bis zur sogenannten Regelaltersgrenze arbeitest. Erfüllst du die Voraussetzungen[5] und hörst früher auf zu arbeiten, also vor Erreichen der sogenannten Regelaltersgrenze, gibt es Abschläge. Wenn du allerdings Lust hast, länger zu arbeiten, bekommst du einen Zuschlag. Du sammelst dann nicht nur mehr Entgeltpunkte, sondern wirst auch über einen höheren Zugangsfaktor belohnt. Wie bei den Entgeltpunkten kannst du also auch über diesen Faktor – nämlich wie lange du arbeitest – beeinflussen, wie viel Geld du im Alter bekommst.

Wie aber sieht das konkret aus? Lass uns dafür zuerst einen Blick auf die „Regelaltersgrenze“ werfen – noch so ein Wortungetüm, wie es uns immer wieder bei unserem Gang durchs Rentensystem begegnet.

Vereinfacht gesagt ist die Regelaltersgrenze der Zeitpunkt, bis zu dem du arbeiten (oder warten) musst, bevor du ohne Abschläge in Rente gehen kannst.[6] Seit 2012 steigt diese Grenze schrittweise auf 67 Jahre. Bist du 1964 oder später geboren, musst du also arbeiten, bis du 67 Jahre alt bist.[7] Bei den Geburtsjahrgängen 1947 bis 1963 liegt die Grenze zwischen 65 und 67 Jahren.[8]

---

5 Du kannst nicht einfach so früher in Rente gehen: Bestimmte Bedingungen müssen dafür erfüllt sein. Nur wer auf 35 Beitragsjahre kommt („Altersrente für langjährig Versicherte“), kann früher aussteigen. Mehr als vier Jahre früher geht aber nicht.

6 Um überhaupt einen Rentenanspruch zu haben, brauchst du eine Mindestversicherungszeit von fünf Jahren, die sogenannte Wartezeit.

7 Es gibt als Ausnahme die Altersrente für besonders langjährig Versicherte. Das sind Versicherte mit 45 Beitragsjahren und mehr. Das aber nur der Vollständigkeit halber.

8 Im Anhang findest du einen Rechner verlinkt, um dein persönliches Datum für den Renteneintritt bestimmen zu können.

Nun also zu den Ab- und Zuschlägen. Hier kommt es im wahrsten Sinne auf jeden Monat an[9], den du kürzer oder länger arbeitest:

- Für jeden Monat, den du früher in Rente gehst, fällt der Zugangsfaktor um 0,003 niedriger aus. Das entspricht einem Abschlag von 0,3 Prozent für jeden Monat beziehungsweise von 3,6 Prozent pro Jahr. Beispiel: Du ziehst deinen letzten Arbeitstag sechs Monate vor. Dein Zugangsfaktor liegt dann nicht mehr bei 1,0, sondern bei 6 x 0,003 tiefer, das heißt bei 0,982
- Hängst du dagegen noch ein bisschen dran, erhöht sich dein Zugangsfaktor für jeden Monat um 0,005. Du bekommst also für jeden Monat des Hinausschiebens einen Rentenzuschlag von 0,5 Prozent. Für ein Jahr des späteren Rentenbeginns gibt es entsprechend sechs Prozent mehr. Beispiel: Du arbeitest noch sechs Monate länger, weil es gerade so schön ist. Dein Zugangsfaktor steigt dann von 1,0 auf 1,03.

Rentenwert und Rentenartfaktor

Zoomen wir nun wieder raus und werfen einen Blick auf die rechte Klammer in der Rentenformel (aRW x RAF). Kurz zur Wiederholung: Die erste Abkürzung steht für den aktuellen Rentenwert und die zweite für den Rentenartfaktor. Gemeinsam ist den beiden Komponenten, dass du sie im Gegensatz zu den beiden anderen Faktoren (Entgeltpunkte, Zugangsfaktor) nicht wirklich beeinflussen kannst.

Der **Rentenartfaktor** ist relativ schnell erklärt. Deswegen fange ich damit an. Beim Rentenartfaktor geht es um die Art deiner Rente. Klingt jetzt etwas komisch. Aber die Sache ist, dass es neben der „normalen" Rente (der sogenannten Altersrente) noch andere Formen gibt, wie du hier in der Tabelle sehen kannst. Wenn du ganz regulär in Rente gehst, kannst du eine „1,0" an dieser Stelle in die Formel einfügen. Der Rentenartfaktor wirkt sich dann nicht auf die Höhe der Zahlung aus. Welche Multiplikatoren es noch gibt, zeigt dir die folgende Tabelle.

---

9 https://www.sozialgesetzbuch-sgb.de/sgbvi/77.html

Rentenarten und Faktoren

Rentenart	Faktor
Renten wegen Alters	1,0
Renten wegen teilweiser Erwerbsminderung	0,5
Renten wegen voller Erwerbsminderung	1,0
Erziehungsrenten	1,0
kleine Witwenrenten	1,0 (Sterbevierteljahr), später 0,25
große Witwenrente	1,0 (Sterbevierteljahr), später 0,55
Halbwaisenrente	0,1
Vollwaisenrente	0,2

Über den Rentenartfaktor wird abgebildet, welche Art von Rente jemand bezieht. Die Altersrente hat den Rentenartfaktor 1,0. Quelle: DRV

Spannender ist der **aktuelle Rentenwert**. Er macht aus den Entgeltpunkten, die du gesammelt hast, erst eine Geldsumme. Fangen wir mit dem einfachen Teil an, bevor wir uns den Rentenwert in seinen Feinheiten vornehmen. Also: Der Rentenwert wird Anfang des Jahres von der Bundesregierung immer neu festgesetzt. Er gilt dann ab dem 1. Juli. Vereinfacht gesagt, spiegelt sich in ihm die allgemeine Lohnentwicklung wider. Wenn die Beschäftigten mehr verdienen, sollen auch die Rentner mehr haben. Das heißt für dich, dass sich die Höhe deiner Rente verändert (nach oben). Sie wird jährlich neu berechnet, wenn es einen neuen Rentenwert gibt.

Hier mal ein Beispiel, damit es deutlicher wird: Johannes hat während seines Berufslebens 43,025 Entgeltpunkte gesammelt. Bisher lag der Rentenwert bei 36,02 Euro. Das heißt: Seine monatliche Rente beträgt 1.549,76 Euro.[10] Zum 1. Juli steigt der Rentenwert auf 37,60 Euro. Fortan bekommt Johannes also im Monat 1.617,42 Euro.

---

10 Johannes bezieht eine Altersrente und hat bis zum normalen Renteneintrittsalter gearbeitet. Der Rentenartfaktor und der Zugangsfaktor betragen also 1,0, wenn du dich an die Rentenformel erinnerst.

Steigende Renten

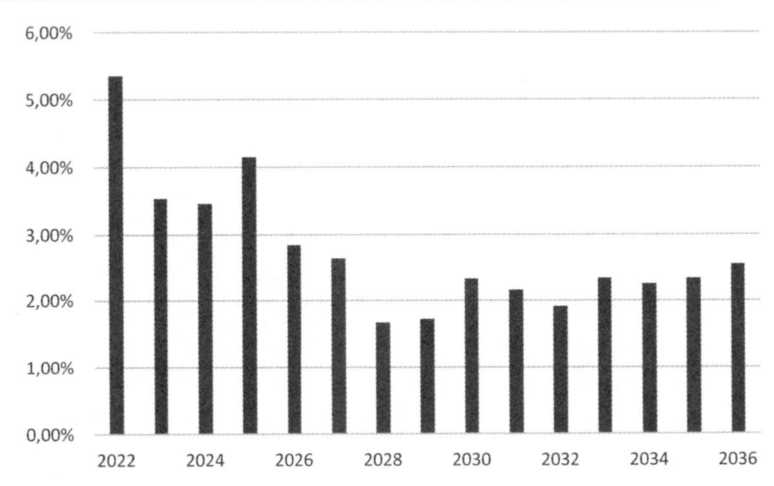

Der jährlich erscheinende Rentenversicherungsbericht der Bundesregierung geht von steigenden Rentenwerten in den nächsten Jahren und damit auch von steigenden Renten aus. Quelle: Rentenversicherungsbericht 2022

Jetzt kommt der komplizierte Teil. Ich hatte ja gesagt, dass der Rentenwert die Lohnentwicklung widerspiegelt. Das stimmt nicht so ganz. Denn es kann auch sein, dass die Löhne in einem Jahr sinken, zum Beispiel während einer Wirtschaftskrise. In der Finanzkrise war das Fall und auch während der Corona-Pandemie. Per Gesetz wurde jedoch festgelegt, dass die Rente in solchen Fällen trotzdem nicht sinkt. Im schlimmsten Fall bleibt sie gleich. Es gibt also eine Nullrunde.

Jetzt kommt der sogenannte Nachholfaktor ins Spiel. Er soll dieses Tricksen beim Rentenwert wieder ausgleichen. Die Idee dahinter: Die eigentlich fällige Kürzung wird in den Folgejahren nachgeholt, aber immer nur ein bisschen. Das geschieht, indem die Renten nicht so stark steigen, wie sie eigentlich gemäß der Lohnentwicklung müssten. Die Erhöhung fällt also kleiner aus. So zumindest die Idee. Allerdings lässt sich auch der Nachholfaktor außer Kraft setzen und das kam auch schon vor. Erst 2022 wurde er wieder eingeführt.

Noch politisch heikler ist der Nachhaltigkeitsfaktor, der bei der Kalkulation des Rentenwertes mit einfließt. Durch den Nachhaltigkeitsfaktor werden Veränderungen im zahlenmäßigen Verhältnis von Rentenbeziehern zu Beitragszahlern berücksichtigt. Steigt die Zahl der Rentner schneller als die Zahl der Beitragszahler, wirkt sich dies bei der Rentenanpassung dämpfend aus. Das heißt: Die Rente steigt nicht so stark, wie sie eigentlich müsste. Ziel ist, den Beitragsanstieg im Rahmen zu halten. Er soll bis 2030 den Wert von 22 Prozent nicht überschreiten. Zugleich soll das Rentenniveau nicht unter 43 Prozent sinken.[11] Zumindest gemäß den Prognosen wird dieses Ziel bisher erreicht. So sieht der Rentenversicherungsbericht den Beitragssatz im Jahr 2030 bei 20,2 Prozent und das Rentenniveau bei 46,6 Prozent.[12] Die Folge ist aber natürlich, dass die Entwicklung der Renten hinter der allgemeinen Lohnentwicklung zurückbleiben. So wachsen die Durchschnittsentgelte laut Expertenschätzung von 2022 bis 2030 um rund 42,6 Prozent, der Rentenwert jedoch nur rund 24,6 Prozent.[13]

Was heißt das für dich?

1. Je mehr du verdienst, desto mehr Entgeltpunkte erwirbst du. Das bedeutet, dass die Zahl steigt, die mit dem Rentenwert multipliziert wird. Vereinfacht gesagt: Je mehr Entgeltpunkte, desto höher ist die Rente. Überleg also, wie du dein Einkommen steigern kannst, durch Fortbildungen, neue Qualifikationen, Gehaltsgespräche, Jobwechsel oder was auch immer. So hast du nicht nur im Hier und Jetzt mehr Geld (zum Beispiel zum Anlegen), sondern auch im Alter.
2. Arbeitest du länger, als du musst, sammelst du nicht nur mehr Entgeltpunkte, sondern wirst auch noch mit einem Rentenzuschlag belohnt (höherer Zugangsfaktor).
3. Die Höhe deiner Rente steigt jedes Jahr (oder bleibt zumindest konstant). Das ist wichtig zu verstehen – aus zwei Gründen. Zum einem: Wenn du abschätzen willst, wie viel du einmal an Rente bekommst, musst du nicht nur eine Annahme bezüglich der Zahl deiner Entgeltpunkte treffen, sondern auch bezüglich

11 So ist es gesetzlich festgelegt: SGB VI, §154, Abs. 3
12 Rentenversicherungsbericht 2022, S. 41.
13 Rentenversicherungsbericht 2022, S. 49.

des Rentenwerts. Hochrechnungen sind dadurch nicht ganz einfach. Zum anderen: Durch die Kopplung der Rente an die allgemeine Lohnentwicklung hast du zumindest einen gewissen Inflationsschutz. Denn in aller Regel orientieren sich die Löhne auch an der Inflationsrate. Ein Inflationsausgleich ist das mindeste, was die Gewerkschaften normalerweise in den Tarifverhandlungen anstreben.

4. Die demografische Entwicklung ist der große Spielverderber. Die Beschäftigten müssen immer mehr Rentner versorgen. Das heißt nichts anders, als dass der Rentenversicherung Einnahmen fehlen. Wir werden später in dem Kapitel über die Probleme in unserem Rentensystem darauf eingehen. Nur schon mal so viel: Schon heute muss der Staat jedes Jahr Milliarden an die Rentenversicherung überweisen, um die fehlenden Einnahmen auszugleichen. Wir zahlen also quasi gerade doppelt: einmal über die Steuern und einmal über die Beiträge. Mit verschiedenen Maßnahmen versucht die Regierung, das Problem in den Griff zu kriegen. So wird das Verhältnis von Beitragszahlern und Beitragsempfängern berücksichtigt. Die Renten steigen dadurch schwächer als die Löhne. Wenn sich das Verhältnis in den kommenden Jahren immer weiter verschlechtert, wonach es sehr stark aussieht, wirst du das auch bei deiner Rente zu spüren bekommen. Vorsorge ist also absolut nötig, um das auszugleichen.

Die Renteninformation richtig lesen

Eben hatte ich ja geschrieben, dass es schwierig ist, die Rente, die du einmal bekommen wirst, zu prognostizieren. Die Zahl der Entgeltpunkte und der künftige Rentenwert sind zwei große Unbekannte. Die Rentenversicherung versucht es trotzdem und verschickt einmal jährlich eine entsprechende Renteninformation. Auch du solltest diesen Brief schon mal bekommen haben, wenn du mindestens 27 Jahre alt bist und fünf Jahre lang eingezahlt hast. Wenn Du noch keine Renteninformation bekommen hast, frag besser mal nach.

Eine ganze Menge lässt sich aus der Renteninformation herauslesen und du solltest sie dir auf jeden Fall immer anschauen, wenn der Brief kommt.[14] Ein paar Dinge sind ziemlich offensichtlich, andere vielleicht weniger. Lass uns deshalb die Renteninformation einmal durchgehen.

Schon der erste Satz in dem Brief ist wichtig. Hier steht, welcher Zeitraum für diese Renteninformation berücksichtigt wird. Das Enddatum sollte immer der 31. Dezember des Vorjahres sein. Wenn dort ein anders Datum steht, könnte es sein, dass Beiträge nicht erfasst sind. Dann solltest du mal bei deinem Arbeitgeber oder bei der Rentenversicherung nachfragen, ob da was schiefgelaufen ist.

Außerdem erfährst du direkt am Anfang auch, ab wann du regulär in Rente gehen kannst, also was sozusagen dein letzter Arbeitstag ist. Wie vorhin gesagt, musst du höchstwahrscheinlich arbeiten, bis du 67 Jahre alt bist. Am Ende des Buches findest du den Link zu einem Rechner, wenn du es genau wissen willst.

Nach der Einleitung bekommst du dann einen Eindruck über die künftige Höhe deiner Rente. Als Erstes erfährst du, wie hoch deine Rente wegen voller Erwerbsminderung wäre, wenn du plötzlich nicht mehr arbeiten könntest. Das ist so weit selbsterklärend, denke ich. Nur kurz zum Hintergrund: Die Rente wegen voller Erwerbsminderung gibt es, wenn jemand aus gesundheitlichen Gründen (oder Behinderung) nur noch weniger als drei Stunden täglich arbeiten kann – und zwar in allen Tätigkeiten, nicht nur im Ursprungsjob. Ein Arzt muss das entsprechend bestätigten.[15]

Dann wird es spannend, wenn du wissen willst, was du später einmal an Rente bekommst. Du findet hierfür zwei Zahlen: Einmal kannst du lesen, wie viel Geld du bekommen würdest, wenn du morgen in Rente gehen würdest (geht natürlich nicht, Stichwort Regel-

---

14 Eine weitere gute Übersichtsmöglichkeit könnte einmal die „Digitale Rentenübersicht" sein. Hier sollen auch Informationen zu Ansprüchen aus anderen Formen der Altersvorsorge wie etwa Betriebsrenten mit einfließen. Während ich dieses Buch schreibe, befindet sich das Projekt der Deutschen Rentenversicherung in einer Pilotphase. Mehr Informationen findest du unter www.rentenuebersicht.de.

15 Daneben gibt es noch die Rente wegen teilweiser Erwerbsminderung. Die gibt es, wenn jemand wegen Krankheit oder Behinderung mehr als drei, aber weniger als sechs Stunden täglich arbeiten kann.

altersgrenze, wir haben darüber gesprochen). Aber das ist der Teil, den du sicher hast. Wenn der mal weniger wird, solltest du dich schleunigst bei der Rentenversicherung melden. Denn das kann nach jetzigem Stand eigentlich nicht sein.

Renteninformation 2022

Sehr geehrte Frau Musterfrau,

in dieser Renteninformation haben wir die für Sie vom 01.09.1987 bis zum 31.12.2021 gespeicherten Daten und das geltende Rentenrecht berücksichtigt. Ihre **Regelaltersrente** würde am **01.02.2038** beginnen. Änderungen in Ihren persönlichen Verhältnissen und gesetzliche Änderungen können sich auf Ihre zu erwartende Rente auswirken. Bitte beachten Sie, dass von der Rente auch Kranken- und Pflegeversicherungsbeiträge sowie gegebenenfalls Steuern zu zahlen sind. Auf der Rückseite finden Sie zudem wichtige Erläuterungen und zusätzliche Informationen.

Rente wegen voller Erwerbsminderung

Wären Sie heute wegen gesundheitlicher Einschränkungen voll erwerbsgemindert, bekämen Sie von uns eine monatliche Rente von:	1.188,47 EUR
Höhe Ihrer künftigen Regelaltersrente Ihre bislang erreichte Rentenanwartschaft entspräche nach heutigem Stand einer monatlichen Rente von:	808,28 EUR
Sollten bis zum Rentenbeginn Beiträge wie im Durchschnitt der letzten fünf Kalenderjahre gezahlt werden, bekämen Sie ohne Berücksichtigung von Rentenanpassungen von uns eine monatliche Rente von:	1.209,72 EUR

Rentenanpassung

Aufgrund zukünftiger Rentenanpassungen kann die errechnete Rente in Höhe von 1.209,72 EUR tatsächlich höher ausfallen. Allerdings können auch wir die Entwicklung nicht vorhersehen. Deshalb haben wir - ohne Berücksichtigung des Kaufkraftverlustes - zwei mögliche Varianten für Sie gerechnet. Beträgt der jährliche Anpassungssatz 1 Prozent, so ergäbe sich eine monatliche Rente von etwa 1.410 EUR. Bei einem jährlichen Anpassungssatz von 2 Prozent ergäbe sich eine monatliche Rente von etwa 1.660 EUR.

Mit der Renteninformation gibt die Rentenversicherung regelmäßig einen Überblick über die Höhe der Zahlungen im Ruhestand. Quelle: DRV

Da du aber höchstwahrscheinlich noch ein bisschen bis zur Rente arbeiten musst, ist die zweite Zahl vor allem interessant. Denn hier versucht die Rentenversicherung eine erste Hochrechnung, um dir einen Eindruck davon zu geben, was du einmal erhalten könntest. Die Prognose basiert auf zwei Annahmen:

1. Du verdienst bis zum Rentenbeginn so viel wie im Durchschnitt der letzten fünf Jahre. Mit anderen Worten: Wenn du zum Beispiel gerade Teilzeit arbeitest, aber wieder aufstocken willst und damit wieder mehr verdienst, dürfte der Wert mit der Zeit steigen. Oder wenn du kürzlich eine Gehaltserhöhung bekommen hast. Wenn du hingegen beschließt, weniger zu arbeiten, weil du mehr Zeit für deine Hobbys oder deine Familie haben möchtest, geht der Wert zurück. Vorhin hatten wir ja über den Zusammenhang zwischen Gehalt, Entgeltpunkten und Rentenhöhe gesprochen.

2. Es gibt keine Rentenerhöhungen. Der Rentenwert bleibt also gleich. Du erinnerst dich: Der Rentenwert spiegelt die allgemeine Lohnentwicklung wider. Einmal im Jahr wird er überprüft und angepasst. Dass die Löhne in den nächsten 20 oder 30 Jahren stagnieren (ich nehme mal an, dass du bis zur Rente noch ein bisschen arbeiten musst), dürfte sehr unwahrscheinlich sein.

Die Rentenversicherung wirft aber noch einen zweiten Blick in die Zukunft. Den findest du in dem Text am Ende der Renteninformation unter der Überschrift „Rentenanpassung". Für diese Prognose gehen die Experten von der berechtigten Annahme aus, dass der Rentenwert jährlich steigt. Zwei Szenarien rechnen sie durch: Einmal, dass der Rentenwert pro Jahr um ein Prozent steigt, und dann noch, dass er um zwei Prozent steigt. Wie du an der Tabelle auf Seite 15 sehen konntest, als wir über den Rentenwert sprachen, ist das keine ganz unrealistische Annahme.

Die Ergebnisse dieser zwei Berechnungen sind also ein erster Näherungswert an deine künftige Rentenzahlung. Was fehlt, ist, dass du künftig mehr (oder weniger) verdienst. Und natürlich können die Rentenerhöhungen auch größer ausfallen als ein beziehungsweise zwei Prozent im Schnitt.

Womöglich denkst du beim Blick auf diesen Absatz in deiner Renteninformation: „Das sieht doch eigentlich gar nicht so schlecht aus!" Ja, würde ich dir zustimmen. Aber Achtung: Die Prognose hat zwei große Haken. Zum einem musst du deine Rente noch versteuern und es gehen noch Beiträge für Pflege- und Krankenversicherung ab. Diesen Punkt schauen wir uns später in dem Kapitel über die Rentenlücke noch einmal genauer an. Zum anderen darf man bei solchen Prognosen niemals die Inflation außer Acht lassen. Was heute noch nach einer großen Summe klingt, ist in 20 Jahren vielleicht nur noch die Hälfte wert. Auf der zweiten Seite ihres Infobriefs geht die Rentenversicherung näher auf diese Entwertung ein und erläutert die Folgen mit einer kleinen Beispielrechnung. Wenn du selber ein bisschen rumrechnen willst, wie sich Inflation auf den Wert deiner Rente auswirkt – auch dafür findest du einen Rechnerhinweis im Kapitel am Ende des Buchs.

Re

bei gleichbleibender Beitragszahlung erhöht oder vermindert haben.

Rentenanpassung, Kaufkraft und Inflation
Die Dynamisierung (Erhöhung) der Rente erfolgt durch die Rentenanpassung. Sie richtet sich grundsätzlich nach der Lohnentwicklung, die für die Rentenanpassung - insbesondere aufgrund der demografischen Entwicklung - nur vermindert berücksichtigt wird. Die Höhe der zukünftigen Rentenanpassungen kann nicht verlässlich vorhergesehen werden. Wir haben Ihre Rente daher unter Berücksichtigung der Annahmen der Bundesregierung zur Lohnentwicklung dynamisiert. Die ermittelten Beträge sind - wie alle weiteren späteren Einkünfte (z. B. aus einer Lebensversicherung) - wegen des Anstiegs der Lebenshaltungskosten und der damit verbundenen Geldentwertung (Inflation) in ihrer Kaufkraft aber nicht mit einem heutigen Einkommen in dieser Höhe vergleichbar (Kaufkraftverlust).
So werden bei einer Inflationsrate von beispielsweise 1,5 Prozent pro Jahr bei Beginn Ihrer Regelaltersrente 100 EUR voraussichtlich nur noch eine Kaufkraft nach heutigen Werten von etwa 79 EUR besitzen.

Die Inflation darf bei der Altersvorsorge nicht außer Acht gelassen werden. Auch die Rentenversicherung weist in ihrem Informationsschreiben ausdrücklich darauf hin. Quelle: DRV

Falls du jetzt verwirrt bist – auf der einen Seite Rentenerhöhungen, auf der anderen Seite die Entwertung der Rente durch die Inflation und was zählt mehr? –, dann habe ich vielleicht eine kleine Hilfe für dich: Eine Rentenexpertin erzählte mir mal, dass sie in der Beratung den Leuten rät, einfach beide Effekte miteinander zu verrechnen nach dem Motto: Erhöhungen und Inflation heben sich in etwa auf. Stattdessen solle man nur auf die Einkommenshochrechnung in der Renteninformation achten (also der Teil, den ich eben erläutert habe mit dem durchschnittlichen Verdienst der letzten fünf Jahre und so weiter).

Der Tipp der Rentenexpertin wirkt im ersten Moment etwas sehr vereinfachend, ist aus meiner Sicht aber gar nicht so schlecht. Denn in aller Regel versuchen ja die Gewerkschaften über die Lohnforderungen mindestens die Inflation auszugleichen. Meistens wollen sie sogar noch ein kleines bisschen mehr (eine sogenannte „reale Lohnerhöhung“). Und da sich wie gesagt der Rentenwert an der Lohnerhöhung orientiert, erscheint mir diese Faustregel gar nicht so unplausibel.

Wenn du dir aber jetzt noch mal deinen hochgerechneten Rentenanspruch ohne Erhöhungen anschaust, dann wirst du die große Lücke zwischen deinem jetzigen Einkommen und deiner Rente sehen. Das ist schon ganz schön schmerzhaft. Die Rentenversicherung beschönigt da auch gar nichts und rät explizit in ihrem Infobrief zur Altersvorsorge. Den Hinweis findest du am Ende von Seite eins des Schreibens. Eine „zusätzliche Absicherung für das Alter“ ist wichtig, heißt es da, und das fiese Wort „Versorgungslücke“ fällt.

Deswegen ist es gut, dass du dir dieses Buch gekauft hast und dich mit deiner Altersvorsorge beschäftigst! Die Lage ist vertrackt, aber nicht hoffnungslos. Du kannst etwas dagegen tun und jetzt die Voraussetzungen dafür schaffen, dass du trotz geringer Rente auch im Alter ein sorgenfreies Leben führen kannst. Wie du diese „Versorgungslücke" schließen kannst, wirst du in den nächsten Kapiteln erfahren.

Die Probleme der gesetzlichen Rentenversicherung

In einem Buch über die Rente darf natürlich nicht das berühmte Zitat „Die Rente ist sicher“ des langjährigen Arbeits- und Sozialministers Nobert Blüm fehlen. Inzwischen wird dieser Spruch aus dem Jahr 1986 mit einiger Belustigung ausgesprochen, nach dem Motto: „Ja, ja, der alte Nobi, das war schon einer. Da hat er mal einen rausgehauen.“

Inmitten der ganzen Diskussion um Altersarmut und längere Arbeitszeiten wirkt der Satz tatsächlich wie Ironie. Aber so verkehrt ist er nicht oder besser gesagt: Man muss ihn etwas differenziert betrachten. Ich habe keine Zweifel daran, dass es die gesetzliche Rente weiterhin geben wird und ich für meine ganzen Einzahlungen in die Rentenkasse auch später mal eine Leistung erhalten werde. Insofern ist die Rente tatsächlich sicher. Alles andere als sicher ist allerdings, ob die Rente tatsächlich zum Leben reichen wird. Bei diesem Punkt habe ich ganz erhebliche Zweifel. Denn unser Rentensystem steckt in der Krise. „In der derzeitigen umlagefinanzierten Ausgestaltung der gesetzlichen Rentenversicherung führt der steigende Altenquotient zu einem Tragfähigkeitsproblem“, schrieb der Sachverständigenrat ziemlich eindeutig in einem seiner Jahresgutachten.[16]

Wobei: „Eindeutig“ ist vielleicht das falsche Wort. Denn der Satz ist schon ein bisschen verschwurbelt und schwierig zu verstehen. Was heißt „umlagefinanzierte Ausgestaltung“? Was ist der „Altenquotient“? Und was bedeutet „Tragfähigkeitsproblem“?

Schauen wir uns also mal den Satz Stück für Stück an, um seine Sprengkraft zu verstehen.

---

16 „Corona-Krise gemeinsam bewältigen, Resilienz und Wachstum stärken“ – Jahresgutachten 2021/22 des Sachverständigenrates zur Begutachtung der gesamtwirtschaftlichen Entwicklung, S. 365.

Also: Die Umlagefinanzierung ist die Basis unseres Rentensystems. Darüber hatten wir ja in Kapital eins schon kurz gesprochen. Umlagefinanzierung bedeutet, dass die Beitragszahler nicht eine Rücklage für die eigene Rente aufbauen – das wäre beim sogenannten Kapitaldeckungsverfahren[17] der Fall. Stattdessen finanzieren die Beiträge die Bezüge der aktuellen Rentnergeneration. Das heißt, meine Beiträge landen alle in einem großen Topf und werden mehr oder weniger umgehend wieder an die Rentner ausgezahlt. Von dem Geld, das ich in die Rentenversicherung einzahle, sehe ich nichts. Ich erwerbe nur einen Anspruch auf eine spätere eigene Rente. Das Ganze läuft auch unter dem Namen „Generationenvertrag“: Er besagt, dass eine Generation die andere versorgt, dass also die arbeitende Generation Beiträge zahlt in der Erwartung, dass die ihr nachfolgende Generation die gleiche Verpflichtung übernimmt. Es geht hier um Solidarität zwischen den Generationen.

Im Prinzip ist die Idee nicht schlecht, denn so profitieren die Rentner von steigenden Löhnen („der allgemeinen Lohnentwicklung“, wie es so schön heißt). Sie arbeiten zwar nicht mehr, haben aber trotzdem am Wirtschaftsaufschwung Anteil.[18] Außerdem ist das sogenannte Langlebigkeitsrisiko abgedeckt. Das soll heißen: Ich muss mir – anders als beim Kapitaldeckungsverfahren – keine Gedanken darüber machen, ob die Rücklagen für den Rest meines Lebens reichen. Hier ist die Gefahr, dass das Geld irgendwann aufgebraucht ist.[19] Das umlagefinanzierte System zahlt ein Leben lang, auch wenn ich 120 Jahre alt werde. Klingt ja irgendwie ganz gut.

---

17 Als unter Otto von Bismarck die gesetzliche Rentenversicherung 1889 eingeführt wurde, beruhte sie im Prinzip auf dem Kapiteldeckungsverfahren, auch wenn es in reiner Form nicht praktiziert wurde.

18 Diese Teilhabe am Aufschwung war ein wichtiges Argument für die Umstellung des Systems auf Umlagefinanzierung. In den 1950er Jahren boomte die Wirtschaft in Westdeutschland, die Löhne stiegen, doch Millionen von Rentnern lebten – trotz Steuerzuschüssen – in Armut. Die Renten waren gering und viele Rentner hatten ihre Ersparnisse durch den Krieg und die Währungsreform von 1948 verloren. Nach Verabschiedung der Rentenreform im Januar 1957 wurden die Renten sofort um 60 Prozent angehoben. Die Wähler dankten es Adenauer bei der folgenden Bundestagswahl im September 1957 mit der absoluten Mehrheit.

19 Das ist jetzt natürlich sehr pauschal formuliert. Ich habe jetzt auch nicht alle Angebote im Blick, die es auf dem Markt gibt. Ein bekanntes Beispiel, wo es anders ist, sind Lebensversicherungen. Hier bieten manche Versicherungen, dass das angesparte Guthaben in eine lebenslange Rente umgewandelt werden kann.

Die Alterung setzt der Rente zu

Der Haken an der Sache: Es muss genug Einzahler geben. Jemand muss den Topf füllen, aus dem die Rentner bezahlt werden.

Schon als das Rentensystem unter Bundeskanzler Konrad Adenauer im Jahr 1957 eingeführt wurde, zeichnete sich ab, dass die Geburtenrate sinkt und die Lebenserwartung steigt. Der geistige Vater unseres Rentensystems, der Kölner Ökonom Wilfrid Schreiber, sagte in seinem Konzept, auf dem später die Rentenreform fußte, voraus. „Die Rechnungsgrundlagen für die Altersrente zeigen eindeutig, dass die Rentenversorgung der Alten und Nicht-mehr-Arbeitsfähigen immer problematischer wird, wenn sich der Baum der Bevölkerung nicht ständig von unten her ergänzt. Je günstiger das Verhältnis zwischen der Zahl der im Arbeitsalter stehenden Menschen zu der Zahl der Rentner ist, umso höher können die Renten, umso geringer die gleichzeitigen Rentenversicherungsbeiträge sein“, schrieb er in dem 40-seitigen Papier mit dem Titel „Existenzsicherheit in der industriellen Gesellschaft“ aus dem Jahr 1955. „Es ist also klar, dass ein gewisses Maß von Bevölkerungspolitik notwendiges Element einer jeden vernünftigen Wirtschaftspolitik sein muss. [...] Wer sein Alter wirtschaftlich sichern will, tut nicht genug daran, im Laufe seines Arbeitslebens irgendwelche Einkommensteile dem Konsum zu entziehen – das genügt nur, um seinen relativen Anspruch, gemessen an dem anderer, zu sichern – er muss vielmehr zugleich mit dafür sorgen, dass in seinem Alter auch genügend komplementäre Arbeitskraft zu dem allenfalls akkumulierten Sachkapital vorhanden ist, und das kann er nur, indem er für Nachwuchs sorgt.“[20]

Mit anderen Worten: Damit die Rente funktioniert, muss der Generationenvertrag nicht nur zwei Generationen verbinden, sondern eigentlich drei Generationen einbeziehen: Er darf nicht nur die Beitragszahler und die Rentner umfassen, sondern auch die Kinder. Die Beitragszahler müssen nicht nur die Rentnergeneration versorgen, sondern auch für Beitragszahler von morgen sorgen, die einmal ihre Rente zahlen werden.

---

20 Bund Katholischer Unternehmer (Hrsg): Schreiber, Wilfried: Existenzsicherheit in der industriellen Gesellschaft. Unveränderter Nachdruck des „Schreiber-Plans“ zur dynamischen Rente aus dem Jahr 1955. Diskussionsbeitrag Nr. 28, 2004, S. 36f, abrufbar unter https://www.bku.de/internet/schreiberplan-bku-2004.pdfx?forced=true.

Der Ökonom dachte Bevölkerungspolitik und Rente zusammen. Schreiber schlug in seinem Konzept daher eine „Kinder- und Jugendrente“ vor.[21] Sie sollte ein Vorgriff auf das spätere Arbeitseinkommen sein. Das Besondere an dem Vorschlag: Der Zuschuss sollte später zurückgezahlt werden – und zwar gestaffelt nach Zahl der eigenen Kinder. Unverheiratete ohne Kinder sollten das Doppelte zahlen, Verheiratete ohne Kind das 1,5-Fache, mit einem Kind das 1,25-Fache und mit zwei Kinder die einfache Summe. Familien mit sechs Kindern sollten gar nichts zurückzahlen müssen. „Mit dieser Staffelung der Rückerstattungs-Quoten nach dem Familienstand kommt ein ausgesprochenes und bewusstes Element der Bevölkerungspolitik in unseren Reformvorschlag“, schrieb Schreiber.[22] Es gebe „allen Spöttern zum Trotz, ein gesellschaftliches ‚Soll‘ der Kinderzahl, eben jene 1,2 Kinder, die jeder Einzelmensch im Durchschnitt haben muss, damit die Gesellschaft am Leben bleibt und auch für den Unterhalt ihrer Alten aufkommen kann“.[23]

Doch Adenauer – selbst siebenfacher Vater – wollte davon nichts wissen. Er soll den Einwand mit der Bemerkung „Kinder kriegen die Leute immer“ zur Seite gewischt haben. Statt auf Anreize, wie Schreiber, setzte Adenauer auf das Prinzip Hoffnung. Ein schwerer Irrtum. „Der Satz wurde zur Lebenslüge des Generationenvertrags“, wie es mal treffend in einem Artikel der „Welt“ hieß.[24]

Zwar kommen natürlich noch weiter Kinder zur Welt, nur nicht genug. Der „Altenquotient“ – womit wir zum nächsten Schlüsselbegriff aus dem Satz kommen – steigt. Der Wert gibt Aufschluss über das Verhältnis der Personen im Rentenalter zu den Personen im erwerbsfähigen Alter.[25] Im Jahr 1950 standen 16 Personen im Rentenalter 100 Personen im Erwerbsalter gegenüber. Umgerechnet kamen also auf einen Rentner 6,25 Menschen im Erwerbsalter. Bis Ende der 1970er

---

21 Kindergeld oder Ähnliches lehnte er als „Zuchtprämie“ ab, weil die Hilfe den Eltern zugutekommt.

22 BDK 2004, S. 35.

23 BDK 2004, S. 37.

24 Kulke, Ulli: „Kinder kriegen die Leute immer“, 23.9.2012, https://www.welt.de/incoming/article109407760/Kinder-kriegen-die-Leute-immer.html.

25 Das Statistische Bundesamt definiert ihn so: „Der Altenquotient bildet das Verhältnis der Personen im Rentenalter (z. B. 65 Jahre und älter) zu 100 Personen im erwerbsfähigen Alter (z. B. von 20 bis unter 65 Jahren) ab.“ Siehe: https://bit.ly/3O9Z7D9.

Jahre stieg der Altenquotient durchgängig bis auf 27 im Jahr 1979. Inzwischen liegt er bei 37, einem Rentner stehen also 2,7 jüngere Menschen gegenüber.[26] Das heißt, dass immer weniger Beitragszahler immer mehr Rentner versorgen müssen.

Eine ungünstige Entwicklung

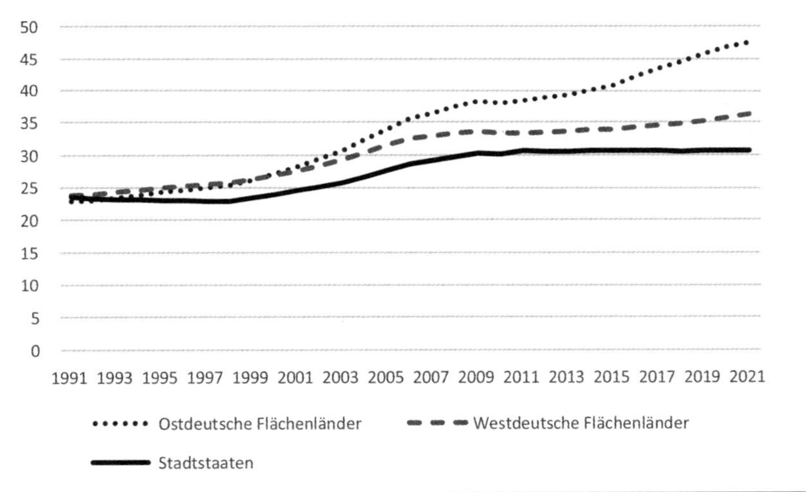

Die Entwicklung des Altenquotient macht deutlich: Der Anteil der Rentner steigt, allerdings unterschiedlich stark – je nach Region. Quelle: Statistisches Bundesamt

Die Aussichten werden also immer schlechter, wie sich auch an der Altersverteilung in Deutschland sehen lässt. Früher nannte man das Alterspyramide: Vielen jungen Menschen standen wenige Ältere gegenüber. Inzwischen ist die Pyramide ziemlich ausgefranst mit einer dicken Wulst in der oberen Hälfte. Diese Ausbuchtung schiebt sich Jahr für Jahr mehr nach oben. Das ist die Generation der sogenannten Babyboomer, die der Rente entgegenaltert. Die Babyboomer kamen in den 50er und 60er Jahren zur Welt. Etwas formal ausgedrückt spricht man von „geburtenstarken Jahrgängen". Der Zweite Weltkrieg war vorbei, die Wirtschaft brummte, es herrschte Zuversicht und Optimismus – da bekommt man gerne Kinder.

26 https://bit.ly/3DA7bZ3

Und wenn du mal schaust: Unter dieser Wulst kommt nicht allzu viel nach. Die Frage ist also: Wer soll die Rente der Babyboomer bezahlen? Die Anzahl der 65- bis 69-Jährigen wird laut Hochrechnungen in den Jahren 2025 bis 2030 mit über fünf Millionen Personen den höchsten Wert seit dem Jahr 1990 erreichen, während die Bevölkerung im erwerbsfähigen Alter (20- bis 64-Jährige) schrumpft und die jüngere Bevölkerung (Unter-19-Jährige) relativ konstant bleibt.[27] Die Organisation für wirtschaftliche Zusammenarbeit und Entwicklung (OECD) prognostiziert, dass der Altenquotient für Deutschland im Jahr 2050 voraussichtlich 59 Prozent betragen wird.

Von der Pyramide zur Urne

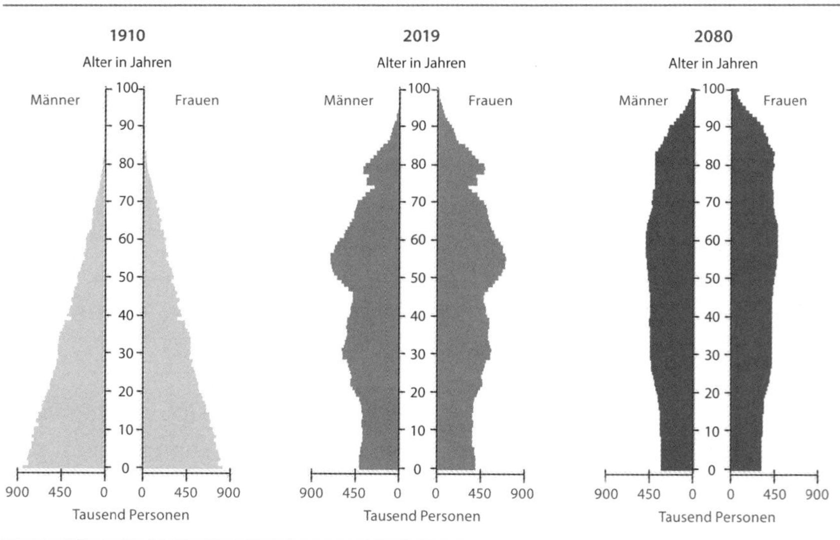

In den letzten 100 Jahren hat sich die Altersverteilung deutlich geändert. Die zwei Weltkriege und der Pillenknick haben ihre Spuren hinterlassen. In den nächsten Jahrzehnten wird sich die Verteilung weiter verändern. Quelle: Statistisches Bundesamt, Sachverständigenrat

Das hat natürlich auch Folgen für die Rentenversicherung. Auf einen Rentner kommen immer weniger Beitragszahler. Oder andersherum formuliert: Ein Beitragszahler muss einen immer größeren Anteil der

27 Jahresgutachten 2020/21, S. 355

Versorgung der Rentner tragen. Inzwischen liegt das Verhältnis nur noch bei eins zu 2,1. Auf einen Rentner kommen also ungefähr zwei Beitragszahler. Die Zahl weicht etwas vom Altenquotienten ab, weil nicht jeder, der arbeitet, auch in die Rentenkasse einzahlt, Beamte zum Beispiel. Das IW Köln schätzt, dass bis zum Jahr 2030 der Wert auf 1,5 fällt.[28]

Dazu kommt: Wichtig ist ja nicht nur die reine Zahl, also das Verhältnis zwischen Empfängern und Einzahlern. Es geht ja auch darum, dass die Lebenserwartung steigt. Immer weniger Erwerbstätige müssen immer mehr Rentner immer länger bezahlen. Das ist das „Tragfähigkeitsproblem", von dem die Sachverständigen in dem oben zitierten Satz sprechen. Die Gleichung geht einfach nicht mehr auf.

Immer länger Rente

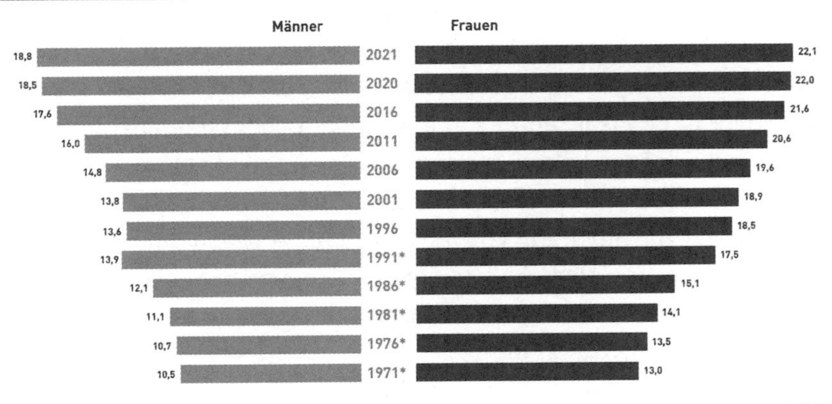

*Da die Menschen immer älter werden, beziehen sie auch immer länger eine Rente. Auch das belastet das Rentensystem. Ein späterer Rentenbeginn könnte hier helfen. Quelle: Rentenatlas 2022; * alte Bundesländer*

Wie schon gesagt: Das Problem ist nicht vom Himmel gefallen, es war absehbar. Die Entwicklung der Bevölkerung ist relativ gut prognostizierbar. Bereits bei der Einführung des Systems hatten die Experten das Problem kommen sehen. Um nochmal auf Wilfrid Schreiber und

28 https://www.iwkoeln.de/themen/verteilung-und-oeffentliche-finanzen/rente-pflege-kranken-und-arbeitslosenversicherung.html

sein Konzeptpapier zurückzukommen: Dort warnte er, dass sich das Verhältnis zwischen der Zahl der Rentner und der Zahl der Arbeitstätigen „innerhalb der nächsten 15 bis 20 Jahre“[29] verschlechtern werde.

Reformversuche im Rentensystem

Doch erst einmal tat sich lange nichts. Die Politik ließ das System auf die absehbare Katastrophe zusteuern. Die Folge: Am Ende der Ära Blüm (er war bis 1998 Bundesminister für Arbeit und Soziales) belief sich die Tragfähigkeitslücke des Rentensystems auf über zwei Bruttoinlandsprodukte (BIP). Erst da begann die Politik aktiv zu werden. Die Regierung von Gerhard Schröder (SPD) stieß eine Reihe von Reformen an. Unter Arbeitsminister Walter Riester wurde 2002 ein grundlegender Paradigmenwechsel eingeläutet: An die Stelle eines nicht mehr vollständig erfüllbaren umlagefinanzierten Generationenvertrages traten ergänzend stärker kapitalgedeckte Systeme der individuellen Altersvorsorge. Die Regierung machte also deutlich, dass die gesetzliche Rente in etwas fernerer Zukunft keine Lebensstandardsicherung mehr gewährleisten könne, sondern dass ergänzende private und/oder betriebliche Vorsorgeanstrengungen erforderlich seien. Die gesetzliche Rente leistet nur noch die Grundversorgung – was dann zur Lebensstandardsicherung noch fehlt, bleibt der Eigenvorsorge überlassen. Das war die Geburtsstunde der – in ihrer Umsetzung dann leider etwas verunglückten – „Riester-Rente“.

Später folgte die schrittweise Erhöhung des Rentenalters auf 67 bis zum Jahr 2030 und die Einführung eines Nachhaltigkeitsfaktors. Dieser sozio-demografische Faktor berücksichtigt die Veränderung im Verhältnis von Rentnern zu Betragszahlern und bewirkt so (weil sich das Verhältnis wie beschrieben tendenziell verschlechtert), dass die Rentenentwicklung langfristig hinter der Lohnentwicklung hinterherhinkt.[30] Das war ein weiterer Paradigmenwechsel: Bisher war es in der Rente vor allem darum gegangen, die Leistung zu garantieren – auf

---

29 BDK 2004, S. 31.

30 Theoretisch könnte er auch in die andere Richtung wirken, also dass die Rentenanpassungen höher ausfallen.

Kosten immer höherer Beiträge. Der Nachhaltigkeitsfaktor stellte die Beiträge für zukünftige Beitragszahler in den Vordergrund: Sie sollten einmal genauso viel zahlen wie ihre Eltern.

Diese Beitragsgarantie hat ihren Preis. Sie geht auf Kosten der Rentenhöhe. Der Nachhaltigkeitsfaktor bedeutet nichts anderes, als dass das so genannte Rentenniveau mit zunehmender Verschlechterung des Verhältnisses von Rentnern zu Beitragszahlern immer weiter zurückgeht. Aber das spart Geld.[31] An dieser Stelle nochmal ein kleiner Schlenker. Denn der Begriff Rentenniveau ist häufig zu finden in den Diskussionen um den Zustand unseres Rentensystems. Daher hier eine etwas ausführlichere Erklärung. Denn es gibt ein paar Missverständnisse zum Rentenniveau.

Erst einmal zur Bedeutung: Das Rentenniveau ist eine rein statistische Größe. Es zeigt das Verhältnis zwischen der Höhe der Standardrente (45 Jahre Beitragszahlung auf Basis eines Durchschnittsverdienstes) und dem Entgelt eines Durchschnittsverdieners. Maßgebend ist das Nettorentenniveau vor Steuern. Das heißt, von der Standardrente werden die Sozialabgaben abgezogen. Quasi das Gleiche passiert beim Durchschnittsverdienst. Im Jahr 2022 lag das Rentenniveau bei ungefähr 48 Prozent. Das bedeutet, dass dieser Musterrentner im Alter etwas weniger als die Hälfte des aktuellen Durchschnittseinkommens zur Verfügung hatte. Zum Vergleich: In den 1990er Jahren lag der Wert noch bei deutlich über 50 Prozent.

Dein individuelles Rentenniveau kann also ganz anders aussehen – abhängig von deinen Beitragsjahren und deinem Einkommen. Nimmt man als Vergleichswert den Durchschnittslohn, kann es auch über 50 Prozent liegen. Das ist dann der Fall, wenn du mehr verdient hast als der Durchschnitt. Wichtig ist auch, zu verstehen, dass dieses „offizielle“ Rentenniveau nichts mit deinem eigenen Einkommen zu tun hat. Es geht dabei nicht darum, auszurechnen, wie hoch dein durchschnittliches Jahreseinkommen während deines Erwerbslebens war und dann

31 Wie die Deutsche Rentenversicherung schreibt, würde nach einer Faustformel eine Veränderung des Rentenniveaus um einen Prozentpunkt überschlägig einem Finanzvolumen von knapp einem halben Beitragssatzpunkt entsprechen. Ein halber Beitragssatzpunkt entspricht einem Finanzvolumen von 8,2 Milliarden Euro.

dazu deine Rente in Beziehung zu setzen oder so. Wenn du das Konzept auf deine Situation übertragen willst, wäre das so, dass du deine Rente ins Verhältnis zu deinem letzten Jahresverdienst vor der Rente setzen musst. Das ist natürlich nur bedingt aussagekräftig – je nachdem, wie viel du vor der Rente gearbeitet hast.

Was viele auch nicht wissen: Sinkt das Rentenniveau, heißt das nicht, dass auch die Rente schrumpft. Ein Sinken bedeutet nur, dass die Rente langsamer steigt als das Einkommen. Die Rentenversicherung hat dazu eine interessante Beispielrechnung veröffentlicht: Zwischen 2010 und 2021 stieg der Durchschnittsverdienst von jährlich 25.632 auf 33.282 Euro. Das ist also ein Plus von 30 Prozent. Im selben Zeitraum erhöhte sich die vorhin erwähnte Standardrente von 13.232 Euro im Jahr auf 16.432 Euro. Das ist auch ein Anstieg, aber nur um 24 Prozent. Da die Standardrente prozentual langsamer gestiegen ist als der Durchschnittsverdienst, sank das Rentenniveau von 51,6 Prozent auf 49,4 Prozent.

Zurück zum eigentlichen Thema: Die verschiedenen Reformen zeigten Wirkung. „Mit Stand 2007 war die Nachhaltigkeitslücke der gesetzlichen Rentenversicherung durch die Reformen von über zwei BIP auf ein halbes BIP vermindert worden. Wir hätten damals noch einen Lebenserwartungsfaktor einführen müssen, also eine Koppelung des Rentenzugangsalter an die Lebenserwartung, und dann wäre das System grün gewesen. Wir hätten eine nachhaltig finanzierbare Basisversorgung durch die Deutsche Rentenversicherung gehabt, keinerlei Reformbedarf mehr. Alles wäre gut gewesen und wir hätte eine tragfähige Lösung des Rentenproblems in Deutschland bewerkstelligt“, sagte der Freiburger Rentenexperte Bernd Raffelhüschen im Interview mit mir.

Doch dann begann die große Rückabwicklung. In der Finanzkrise im Jahr 2008 brach der damalige Arbeitsminister und spätere Bundeskanzler Olaf Scholz das Prinzip der Anpassung von Renten nach Maßgabe der Bruttolohnentwicklung. Eigentlich hätte die Rente sinken müssen, weil auch die Löhne der Beschäftigten wegen der Wirtschaftskrise zurückgingen. Stattdessen verkündete Scholz eine

„Rentengarantie“: Lohnsenkung sollten nicht mehr an die Rente weitergeben werden, Nullrunde statt Senkungen.

Auch das Lebensleistungsprinzip der Rentenversicherung wurde durch die Arbeitsminister Andreas Nahles und Huberts Heil fundamental unterhöhlt. Im Kern besteht dieses Prinzip in der Bewahrung der relativen Einkommensposition im Alter. Ein Durchschnittsverdiener, der Durchschnittsbeiträge eingezahlt hat, erhält bei Renteneintritt eine Durchschnittsrente. Wer mehr verdient hat, bekommt mehr, wer ein niedriges Einkommen hatte, weniger. Die Rente ist also Ausdruck der „Lebensleistung“, also des verdienten Einkommens. Dieses Prinzip wurde sowohl durch die „abschlagsfreie Rente mit 63“ von Arbeitsministerin Nahles als auch durch die „Grundrente“ von Arbeitsminister Heil gebrochen. Bei der Grundrente gibt es einen Zuschlag zur Rente für alle, die viele Jahre gearbeitet,[32] aber nur unterschiedlich verdient haben Die erheblichen Mehrkosten führen zu einer deutlichen Verschärfung des Nachhaltigkeitsproblems.

Im Jahr 2018 folgte schließlich die „doppelte Haltelinie“. Sie besagt, dass das Rentenniveau 48 Prozent bis zum Jahr 2025 nicht unterschreiten und der Beitragssatz einen Wert von 20 Prozent nicht überschreiten soll.

„Die ‚doppelte Haltelinie‘ ist eine Quadratur des Kreises: Wenn ich weiß, dass ich deutlich mehr alte Menschen von deutlich weniger jungen auch deutlich länger zu finanzieren habe, und wenn ich auch weiß, dass ich den Bundeshaushalt nicht völlig für die Rente aufbrauchen kann, und wenn ich dann auch das Rentenzugangsalter auf keinen Fall erhöhen möchte, dann ist es unmöglich, mit dem gleichen Beitragssatz von heute das gleiche Leistungsniveau von heute zu finanzieren“, schimpfte Raffelhüschen in meinem Renteninterview mit ihm. „In der Mathematik sagen wir: Der Freiheitsgrad dieser Gleichung ist nur eine Variable: Ich kann unter den Bedingungen von heute entweder mit

32 Genauer gesagt muss man mindestens 33 Jahre Grundrentenzeit vorweisen. Dazu zählen neben den Jahren der Arbeit, in denen man in die Rentenversicherung eingezahlt hat, zum Beispiel auch Jahre der Pflege und Kindererziehung. Nähere Informationen findest du hier: https://bit.ly/3OfvXmc.

einem fallenden Rentenniveau fahren oder ich kann die Beiträge steigen lassen, um das heutige Rentenniveau zu halten. Eins von beidem muss ich allerdings machen. Deshalb ist die ‚doppelte Haltelinie' nichts anderes als die Unmöglichkeit der Mathematik. Es ist völliger Blödsinn, zu glauben, dass das geht."

Möglich wird die Stabilisierung des Rentenniveaus über eine Niveauschutzklausel in der Rentenanpassungsformel. Sie stellt sicher, dass der aktuelle Rentenwert im Rahmen der jährlichen Rentenanpassung so anzuheben ist, dass das Sicherungsniveau vor Steuern mindestens 48 Prozent beträgt. Das Geld dafür kommt aus dem Bundeshaushalt. Die Zuschüsse betragen inzwischen über 100 Milliarden Euro im Jahr! Das ist ein Drittel der Steuereinnahmen des Bundes – Geld, das der Staat nicht für andere Zwecke verwenden kann wie für Investitionen in schnelles Internet, erneuerbare Energien oder ein besseres Schienennetz. Das kann ja so nicht weitergehen.

Immer mehr Geld für die Rente

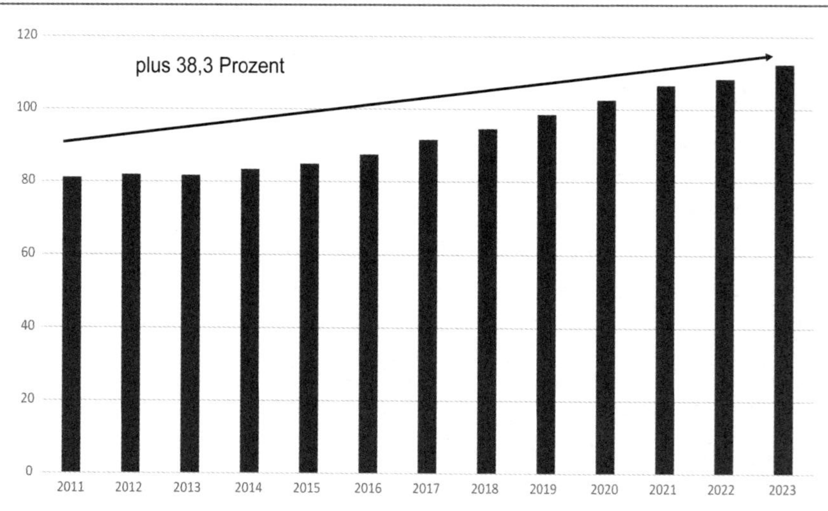

Mit immer höheren Zuschüssen versucht der Bund, die Löcher in der Rentenversicherung zu schließen. Inzwischen fließt fast ein Drittel der Steuereinnahmen des Bundes in die Rentenkasse. Quelle: Bundesrechnungshof, Bundesamt für soziale Sicherung; in Milliarden Euro

Wie das Rentensystem gerettet werden kann

Im Prinzip gibt es drei Stellschrauben, an denen die Politik drehen kann, um die Probleme im Rentensystem zu lösen. Alle haben ihre Vor- und Nachteile. Die Möglichkeiten sind:

- länger arbeiten,
- Beiträge erhöhen,
- Rentenniveau senken.

Sehr interessant finde ich dazu diese Grafik von Bernd Raffelhüschen. Sie ist auf den ersten Blick etwas kompliziert. Deswegen will ich sie in ein paar Worten erklären. Die dunkle Linie zeigt, wie sich das Rentenniveau mit der Zeit verändert, wenn der Beitrag gleich bleibt. Es sinkt über die Jahre bis in den Bereich von etwa 35 Prozent. Die hellgraue Linie gibt an, wie sich die Beiträge entwickeln müssen, wenn die Rentenhöhe konstant bleiben soll. Hier landen wir dann bei über 25 Prozent.

Das Dilemma des Rentensystems

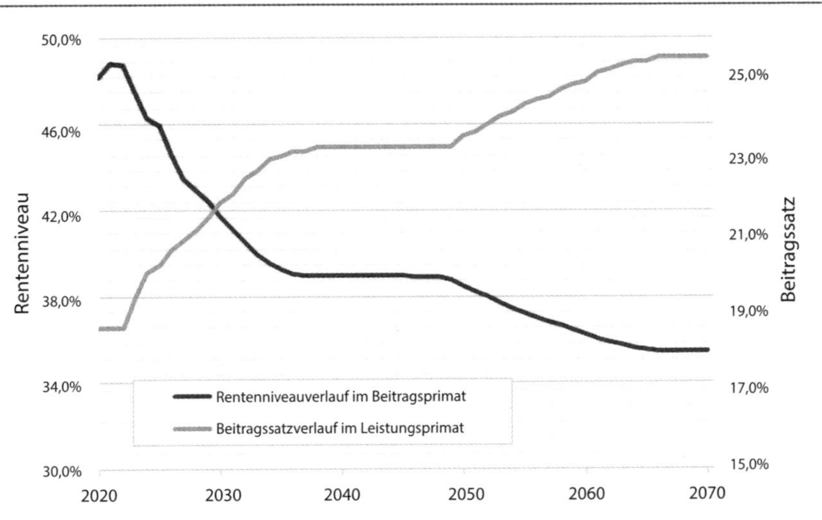

Rentenniveau oder Beiträge – eins von beiden muss sich im Rentensystem ändern. Der Status quo ist auf Dauer unbezahlbar. Quelle: Darstellung des Forschungszentrum Generationengerechtigkeit auf Grundlage von Daten des Statistischen Bundesamts (Stand: 2020)

Die Grafik zeigt sehr anschaulich noch einmal, was Raffelhüschen in dem Interview sagte: Es geht nicht beides. Entweder bleiben die Rentenbeiträge stabil, dann muss das Rentenniveau sinken. Oder, wenn das Rentenniveau gleich bleiben soll, müssen die Beiträge steigen. Eins von beiden muss geschehen, sonst wird es sehr teuer. Hochrechnungen zeigen: Bleibt das Sicherungsniveau bei 48 Prozent fixiert und der Beitragssatz bei 20 Prozent, müsste der Bundeszuschuss auf 7,3 Prozent des Bruttoinlandsprodukts bis 2080 anwachsen.[33]

Wie schon gesagt, die Lösungsoptionen für unser Rentenproblem klingen alle nicht toll. Lass uns deswegen mal das Problem von einer anderen Seite betrachten: Was wäre denn eigentlich gerecht? Die Regierung Schröder hatte sich bei dieser Frage entschieden: Gerecht ist, wenn alle den gleichen Beitrag zahlen. Die Kinder zahlen genauso viel wie ihre Eltern. Klar, die Renten der Eltern wären dann niedriger als die Renten ihrer Eltern. Die Rentenzahlungen würden dann nicht üppig sein. Raffelhüschen sprach im Interview mit mir über eine Basisversorgung etwas oberhalb der Sozialhilfe. Er sieht eine Versorgungslücke von 15 Prozent für die Rentenjahrgänge ab 2030, die bis auf 45 Prozent in den 50er Jahren steigt.[34] „Wir müssen den Leuten klar sagen: ‚Guckt, wie ihr eure Altersvorsorge selber in die Hand nehmt. Wir als Gemeinschaft sind kleiner geworden und können euch leider nur eine Basisversorgung gehen. Die wird euch vor Armut schützen, aber ihr werdet euren Lebensstandard nur dann sichern können, wenn ihr irgendetwas selber macht.'" Das klingt hart, hat aber eine gewisse Logik: Denn es wäre im Sinne einer „Verursachergerechtigkeit" angemessen: Sie haben sich das Problem selbst geschaffen, da ihre wenigen Kinder nicht in der Lage sind, ihnen den Lebensstandard zu sichern.

Wäre es aber nicht auch gerecht, wenn alle die gleiche Rente erhalten? Ich halte das für schwierig. Denn die Kinder müssten dann einen

33 Jahresgutachten 2020/21, S. 367.

34 Raffelhüschen, Bernd: Altersvorsorge nach Corona – damit müssen die kommenden Rentengenerationen rechnen. Analyse im Auftrag von Union Investment aus dem Jahr 2020. https://presse.union-investment.de/api/de/rescue2/68804a617002b54b2d9c9e53ecd0596b0c9c905348f9f9249640.html.

immer größeren Anteil ihres Einkommens aufwenden, um die Rente ihrer Eltern zu zahlen. Viele zukünftige Beitragszahler werden sich fragen, warum sie denn, statt einem knappen Fünftel wie ihre Eltern, einen größeren Anteil ihres Lohnes für die Rentner im Umlageverfahren abgeben müssen. Damit könnte ein massives Akzeptanzproblem drohen – zumal unsicher ist, ob die Kinder tatsächlich im Alter einmal die anvisierte Rente bekommen werden oder es sich ihre Kinder wiederum anders überlegen und die Rente reformieren (womöglich um die hohen Beiträge zu senken). „Wenn wir die Leistungsfähigkeit unserer Kinder in Zukunft durch höhere Beiträge belasten, wenn wir sie also stärker belasten, als wir uns belastet haben, dann droht uns, dass unsere Kinder einfach sagen: ‚Das ist unfair, dass es nicht gleich ist. Wir wollen die gleichen Beiträge zahlen wie ihr, wir wollen genauso lang arbeiten für ein Rentenbezugsjahr wie ihr. Wir wollen Gleichheit'", prophezeite Raffelhüschen im Gespräch mit mir. „Dann müssen wir entweder unsere Leistungsansprüche zurückschrauben und wenn das nicht geschieht, werden die Kinder nicht nur Änderungen fordern. Die Kündigung des Generationenvertrages durch zukünftige Beitragszahler ist die unmittelbare Konsequenz und erfolgt durch den Gang in die Selbstständigkeit, in den Beamtenstatus oder durch die Auswanderung der Eliten. Es werden natürlich nicht alle nutzen, sondern vor allem die Leistungsträger. Aber das sind die, die uns Wachstum bescheren, und auf die können wir auf keinen Fall verzichten. Es droht der Konflikt zwischen jungen Leistungsträgern und der alternden Bevölkerung."

In ihrer im März 2024 vorgestellten Rentenreform hat sich die Bundesregierung allerdings genau dafür entschieden: Das Rentenniveau soll bis 2040 bei mindestens 48 Prozent gesichert werden, die Beiträge aber dafür ab 2025 auf 22,3 Prozent steigen. Zum Vergleich: Aktuell liegt der Beitrag bei 18,6 Prozent. Der Aufbau eines „Generationenkapitals" soll den Beitragsanstieg abmildern. Dazu sollen bis Mitte der 2030er Jahre inklusive Renditen mehr als 200 Milliarden Euro zusammenkommen. Der Plan ist, dass dann ab 2036 jährlich im Schnitt zehn Milliarden Euro an die Rentenkasse fließen soll. Angesichts von

Ausgaben in Höhe von dann voraussichtlich 600 Milliarden Euro ist das aber ehrlicherweise eher übersichtlich.

Es tritt also genau das ein, vor dem Raffelhüschen warnt: Die Lasten werden bei den Jüngeren abgeladen. Sie müssen über viele Jahre deutlich höhere Beiträge zahlen als die Jahrgänge vor ihnen, ohne dafür mehr Leistung erhalten. Hoffen wir, dass sich Raffelhüschens Warnung vor einem Konflikt nicht erfüllt.

Wie groß ist die Gefahr von Altersarmut?

An dieser Stelle vielleicht mal ein kleiner Schlenker zum Thema Altersarmut. Die Warnung davor ist ja gefühlt allgegenwärtig und mit ein Grund dafür, warum Hilfen wie die Grundrente oder die Mütterrente eingeführt wurden und warum die Bundesregierung auch das Rentenniveau hoch halten will. Altersarmut ist natürlich ein hochemotionales Thema. Ich kann jeden verstehen, der Angst davor hat. Aber lass uns doch mal versuchen, etwas nüchterner darauf zu schauen. Werfen wir dafür erst mal einen Blick auf die Größe des Problems. Das ist gar nicht so einfach, denn es gibt verschiedene Möglichkeiten, zu definieren, wer arm ist.

Schaut man zum Beispiel auf die Zahl der Bezieher von Grundsicherung im Alter, liegt der Wert bei gut drei Prozent. Der Wert ist seit einigen Jahren relativ konstant, auch wenn die Tendenz nach oben geht: Im Jahr 2006 lag er noch bei 2,3 Prozent. Grundsicherung erhalten alle Rentner, die nicht genug Geld zum Leben haben. Etwas formaler ausgedrückt: Sie können ihren Lebensunterhalt nicht aus eigenem Einkommen bestreiten. Die Grundsicherung ist eine Art Sozialhilfe für Rentner. Wie gesagt: Knapp drei Prozent der Rentner sind darauf angewiesen. In der Gesamtbevölkerung liegt der Anteil der Menschen, die auch entsprechende Hilfen (die heißen dann „Mindestsicherungsleistung“) angewiesen sind, allerdings deutlich höher, nämlich bei etwa acht Prozent.

Alternativ kann man schauen, wie hoch der Anteil derjenigen im Alter ist, die weniger als 60 Prozent des Durchschnitteinkommens zur

Verfügung haben. Hier liegt der Wert bei rund 16 Prozent.[35] Das entspricht etwa dem Wert der Gesamtbevölkerung, ist aber geringer als die Armutsgefährdung bei Kindern, die bei rund 20 Prozent liegt. Die Armutsgefährdungsquote der über 65-Jährigen ist in der Tat in den vergangenen Jahren gestiegen und könnte durchaus bis auf über 20 Prozent klettern, schätzen Experten.[36]

Ich glaube, was dabei vielen nicht klar ist, ist, dass Altersarmut nicht vom Himmel fällt. Sie zeichnet sich ab. Wie du ja inzwischen weißt, ist die Rente ein Spiegelbild des erzielten Einkommens („Äquivalenzprinzip"). Das heißt: Wer mehr verdient (und entsprechend auch mehr in die Rentenkasse eingezahlt hat), hat auch im Alter mehr und wer ein geringes Einkommen hatte (und entsprechend weniger eingezahlt hat), hat auch eine kleinere Rente. Wer also im Alter arm ist, hatte leider auch schon vorher nicht viel Geld.

Entsprechend sind vor allem diejenigen gefährdet, die Jobs mit geringen Einkommen haben oder vor der Rente nur wenig gearbeitet haben. Das erklärt zum Beispiel, warum viele Frauen von Altersarmut später bedroht sind: Sie haben oft viele Jahre nicht gearbeitet oder nur in Teilzeit, weil sie sich um die Kinder gekümmert haben. Da kann natürlich nicht viel zusammenkommen. Das alles solltest du im Hinterkopf haben, wenn Medien wieder mal von „Mini-Renten" oder Ähnlichem schreiben.

Und noch einen weiteren wichtigen Punkt musst du dir merken: Der Blick auf eine einzelne „Mini-Rente" sagt nicht unbedingt etwas darüber aus, wie es dem Bezieher oder der Bezieherin geht. Zum einem kann er oder sie noch weitere Einnahmen haben, aus Vermietung zum Beispiel. Oder aber der Ehemann oder die Ehefrau hat eine

35 Der Wert bezieht sich auf den Bundesmedian. Der Median ist der Wert, der genau in der Mitte liegt, wenn man Werte der Größe nach ordnet. Der Vorteil des Medians gegenüber dem Durchschnitt ist, dass Ausreißer den Wert nicht verzerren. Wenn von zehn Leuten zum Beispiel neun Leute 20 Euro verdienen und der zehnte eine Million Euro, liegt das Durchschnittseinkommen bei 100.018 Euro. Du siehst bestimmt, dass das wenig mit der wahren Verteilung zu tun hat. Der Median beträgt dagegen 20 Euro. Das entspricht schon eher den wahren Verhältnissen.

36 Jahresgutachten 2020/21, S. 388. Hier sind auch die Daten zusammengetragen, die ich gerade referiert habe.

hohe Rente, man spricht hier vom Haushaltseinkommen. Das kann insbesondere dann der Fall sein, wenn die Frau sich um die Kinder gekümmert hat, damit sich der Mann auf seine Karriere konzentrieren konnte.

Diese Erläuterung macht deutlich, dass Altersarmut nicht nur im Alter durch Hilfen für Rentner mit wenig Geld bekämpft werden kann. Ein anderer Weg ist, schon früher anzusetzen: Bessere Bildung sorgt für bessere Jobs mit höheren Einkommen und damit auch im Alter für eine höhere Rente. Und wenn es bessere Betreuungsmöglichkeiten für Kinder gibt, lassen sich Familie und Beruf besser vereinbaren. Das heißt, Eltern müssen nicht jahrelang aussetzen oder Teilzeitjobs annehmen, zahlen dank eines höheren Einkommens (verglichen mit einer Erziehungsauszeit) mehr in die Rentenkasse ein und haben wiederum mehr Geld im Alter.[37]

An längerem Arbeiten führt kaum ein Weg vorbei

Nach diesem Schlenker ein Schlenker zurück dorthin, wo wir stehen geblieben waren, nämlich zu der Frage, wie sich die Rente noch retten lässt. Über Beitragserhöhungen (nicht so toll) und einer weiteren Absenkung des Rentenniveaus (auch nicht wirklich toll) gibt es ja noch eine dritte Möglichkeit: länger arbeiten.

Auch das klingt natürlich nicht richtig prickelnd. Ich meine, ich muss, bis ich 67 Jahre alt bin, arbeiten und habe noch gute 20 Jahre vor mir. Das ist echt noch eine ganze Menge. Wenn ich mir jetzt vorstelle, bis 70 arbeiten zu müssen oder so – puh, das ist echt lange. Und irgendwie will man ja auch noch ein paar gute Jahre im Alter haben und nicht quasi vom Schreibtischstuhl in den Ohrensessel fallen, weil man kaputt ist.

---

37 Vergleiche auch die Empfehlung im Jahresgutachten 2020/21, S. 401: „Zielgerichtete und nachhaltigere Maßnahmen gegen Altersarmut sind […] ein Absenken der Transferentzugsrate bei der Grundsicherung, eine bessere Integration in den Arbeitsmarkt, eine Förderung lückenloser Erwerbsbiografien sowie verbesserte frühkindliche, schulische und berufliche Bildung."

Aber auch hier gilt es wieder – ähnlich wie bei der Altersarmut –, die ganze Sache mal etwas nüchterner zu betrachten. Fakt ist: Wir werden alle immer älter – und auch körperlich sind wir in aller Regel länger fit als früher. Und irgendwie ist es ja logisch, dass es nicht hinhaut, wenn wir gleich lange arbeiten, aber immer länger davon leben wollen. Das Verhältnis muss ja irgendwie passen. Deswegen gibt es Vorschläge, die die Arbeitszeit an die Lebenserwartung knüpfen wollen. In Expertenkreisen wird zum Beispiel eine Anpassung nach der Formel „2 für 3“ diskutiert. Soll heißen: Das Renteneintrittsalter erhöht sich um zwei Jahre, wenn die Lebenserwartung um drei Jahre steigt. Oder anders formuliert: Ich muss zwei Jahre länger für ein Jahr mehr Rente arbeiten. Das würde natürlich monatsgenau berechnet werden, nicht nur in Jahren.

Mit dieser Formal könnte das Rentensystem tatsächlich stabilisiert werden, zeigen Simulationsrechnungen von Experten, wenn sie ab 2030 gelten würde: „Im Vergleich zum Referenzszenario zeichnen sich ein deutlich höheres Sicherungsniveau und wesentlich niedrigere Beitragssätze ab. Die Bundesmittel würden zukünftig weniger stark beansprucht“, so das Fazit der Experten.[38] Dass so eine Anhebung natürlich durch diverse Maßnahmen flankiert werden müsste, versteht sich von selbst. Nicht in jedem Beruf kann man länger arbeiten, Unternehmen müssen mitmachen und ältere Beschäftigte unterstützen und es muss entsprechende Weiterbildungsangebote geben. Das bestreitet auch kaum ein Verfechter eines späteren Renteneintritts. Das müsste man dann alles noch klären, wenn es tatsächlich einmal so weit kommen sollte.

38 Jahresgutachten 2020/21, S. 368.

Später in Rente als Ausweg aus dem Dilemma

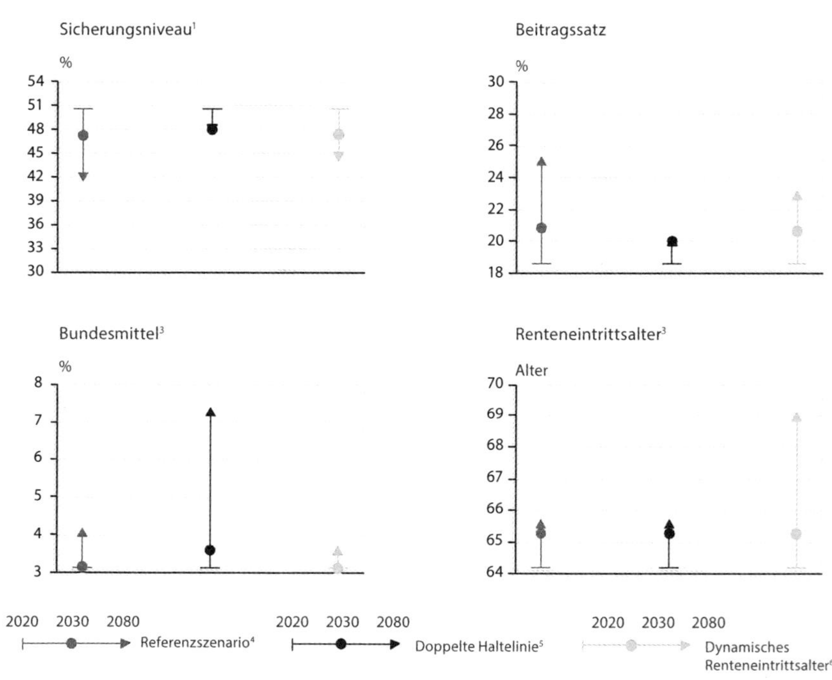

Simulationsrechnungen zeigen, dass mit einer Erhöhung des Renteneintrittsalters (hellgrauer Pfeil) viele Probleme des Rentensystems gelöst werden könnten: Das Sicherungsniveau würde weniger fallen, der Beitragssatz weniger steigen und der Bund müsste weniger zuschießen als in anderen Szenarien. Quelle: Sachverständigenrat (angepasste Darstellung), Stand 2020; 1) Netto vor Steuern, Verhältnis der Standardrente zum durchschnittlichen Einkommen der Beitragszahler; 2) Bundeszuschüsse in Relation zum nominalen BIP; 3) Durchschnittliches Zugangsalter für Altersrenten; 4) Doppelte Haltelinie endet im Jahr 2026, Beitragssatz und Sicherungsniveau bewegen sich danach wieder nach geltendem Recht und mittleren Annahmen, Nachholfaktor wird nicht wieder eingesetzt; 5) Doppelte Haltelinie bleibt dauerhaft bestehen; 6) Rentenzugangsalter wird nach dem Jahr 2031 an die ferne Lebenserwartung gekoppelt)

Die Rechnung ist aber ziemlich klar. „Wir können nicht die Lebensarbeitszeit einfrieren und das Rentnerleben immer länger laufen lassen. Wir möchten nicht mehr als ein Drittel unseres Einkommens für die Rente ausgeben, wollen aber später nicht weniger als zwei Drittel unseres Nettoeinkommens als Rente haben. Damit das geht, müssen wir doppelt so lange ein Drittel abgeben – also doppelt so lange arbeiten, wie wir Rente beziehen“, brachte es der Rentenexperte Axel Börsch-Supan in einem Interview auf den Punkt.[39]

Das klingt jetzt nicht wirklich toll – auch wenn es wahrscheinlich unser Rentensystem rettet. Aber die gute Nachricht ist: Du musst es nicht so weit kommen lassen. Mit der richtigen Vorsorgestrategie kann du genügend ansparen, um früher in Rente zu gehen. Wie das geht, erfährst du später in diesem Buch.

---

39 Voss, Markus: Rentenexperte: „Nahles‘ Rentenkonzept kostet uns 15 Milliarden Euro – pro Jahr“; FOCUS Online, 12.3.2017.

Was fehlt im Alter? Die Rentenlücke berechnen

So, ich würde sagen: Die Basis ist gelegt. Du weißt jetzt, wie deine Rente berechnet wird und was die Probleme in unserem Rentensystem sind. Ich hoffe, bei dir ist hängen geblieben, dass die gesetzliche Rente zwar ein wichtiger Baustein fürs Alter bleiben wird, aber dass man sich besser nicht alleine darauf verlassen sollte. Denn sie wird nicht üppig sein. Und bis du in Rente gehst, vergeht wahrscheinlich noch ein bisschen Zeit. Da kann noch einiges passieren. Ich würde mich da nicht auf den Staat verlassen, sondern meinen Ruhestand selber in die Hand nehmen.

Fangen wir also an, dafür zu sorgen, dass du mehr Geld im Alter hast.

Wobei: Einen kleinen Zwischenschritt müssen wir noch machen und darum geht es in diesem Kapitel. Denn wie viel Geld brauchst du eigentlich im Alter? Jetzt sag nicht: So viel wie möglich. Das ist klar. Wir müssen uns der Frage schon ein bisschen ernsthafter nähren. Denn schließlich hängt von der Antwort habt, wie viel du ansparen musst. Natürlich kannst du sagen: Ich spare, was ich erübrigen kann, und schaue dann, wie viel ich mit 67 Jahren oder so habe. Ja, kann man machen. Blöd ist dann halt nur, wenn du feststellst, dass es ruhig etwas mehr hätte sein können. Sparen ohne einen konkreten Plan ist deutlich schwieriger, als wenn ich ein Ziel vor Augen habe. Und außerdem ist Sparen ja auch immer mit Verzicht verbunden. Es ergibt ja auch keinen Sinn, jahrelang bloß Toastbrot zu essen, um nur ja genug im Alter zu haben. Also, lange Rede, kurzer Sinn: Es lohnt sich, sich mal hinzusetzen und sich ein paar Gedanken über folgende Punkte zu machen:

- Wie viel Geld will ich im Alter haben?
- Mit welchen Einnahmen kann ich im Alter rechnen?
- Wie viel ich muss ansparen, um später meine Wunschrente haben?

Leicht ist das ehrlicherweise nicht. Es hängt viel mit Annahmen zusammen. Niemand kann schließlich in die Zukunft schauen.

Aber es hilft ja nichts! Fangen wir also mit der ersten Frage an und versuchen einmal, die Wunschrente zu definieren. Da gibt es einen schnellen Weg und einen etwas komplizierten Weg, der dafür natürlich ein bisschen exakter ist.

Wie viel Geld will ich im Alter haben?

Der schnelle Weg ist zu sagen: „Ich will so viel Geld wie jetzt haben." Das wäre natürlich der Best-Case. Denn jetzt reicht das Einkommen ja auch für ein ganz gutes Leben. Das dürfte dann schließlich auch im Alter so sein. Du brauchst dann nur noch zu kalkulieren, wie viel Rente du ungefähr bekommen wirst, und kennst dann deine Rentenlücke, die du schließen musst.

Mit ein bisschen Rechenaufwand ist das allerdings auch verbunden. Denn um ein klareres Bild zu haben, solltest du von deinem Bruttoeinkommen die Steuern und die Sozialversicherungsbeiträge abziehen. Übrig bleibt das Geld, das du jeden Monat zum Ausgeben zur Verfügung hast.

Die Werte dafür findest du in deiner Gehaltsabrechnung. Da ist eigentlich alles aufgelistet. Du brauchst es also nur von deinem Nettogehalt abzuziehen – oder du schaust direkt nach, was übrigbleibt und auf dein Konto wandert.

Kann man so machen, würde ich aber eher nicht. Denn die Lücke könnte tendenziell zu groß sein. Denn womöglich kommst du eigentlich auch mit weniger Geld gut klar, weil einige Ausgaben wegfallen. Und wahrscheinlich wird du nicht alles bis auf den letzten Euro jeden Monat ausgeben (das hoffe ich zumindest stark, denn ohne etwas Geld am Monatsende wird es mit der privaten Altersvorsorge schwer). Das heißt, du bräuchtest weniger zu sparen.

Es wäre daher vielleicht sinnvoll, sich genau einmal zu überlegen, wie viel Geld man im Alter benötigt beziehungsweise haben möchte. Das ist leider etwas mühselig. Denn das heißt, dass du dir einmal am besten für ein paar Monate aufschreibst, welche Ausgaben du hast. Also zum Beispiel:

- Wie viel Geld geht für Miete drauf?
- Wie viel Geld gibst du für Nahrungsmittel und Kleidung aus?
- Was kostet das Auto?
- Und was ist mit Freizeit oder Urlaub?
- Versicherungen

Dabei musst du natürlich auch überlegen, welche Ausgaben wie gesagt wegfallen oder kleiner werden könnten. Vielleicht fallen ja Raten für einen Kredit weg, den du gerade noch tilgen musst. Das gilt vor allem, wenn du nicht zur Miete, sondern in deinem eigenen Haus wohnst und es bis zur Rente abbezahlt ist. Manche Versicherungen brauchst du im Alter womöglich nicht mehr, auch das kann Kosten sparen. Mit fällt da zum Beispiel die Berufsunfähigkeitsversicherung ein. Und wenn die Kinder ausziehen, reduzieren sich natürlich auch noch mal die Ausgaben, zum Beispiel für Lebensmittel.

Hilfreich für die Erstellung einer solche Berechnung sind:

- Kontoauszüge der letzten zwölf Monate
- Versicherungspolicen
- Haushaltsbuch

Leider wird es noch etwas komplizierter. Denn jetzt kommt noch die Inflation ins Spiel.[40] Du willst ja eigentlich nicht wissen, wie viel du heute ausgibst, sondern in meinetwegen 20 oder 30 Jahren, wenn du in Rente gehst. Das heißt, du musst kalkulieren, wie sich die Preise bis dahin entwickeln! Zum Glück gibt es im Internet Inflationsrechner, die dir dabei helfen. Einen, den ich ganz gut finde, habe ich dir am Ende des Buches verlinkt. Als Inflationsrate würde ich zwei oder drei Prozent unterstellen.

---

40 Das Thema Inflation spielt natürlich auch eine Rolle, wenn du von deinem Einkommen ausgehst. Ich bin der Meinung, es gibt gute Gründe, warum man es in diesem Fall ignorieren kann, um die Sache nicht zu kompliziert zu machen. Weiter unten in dem Rechenbeispiel gehe ich näher darauf ein.

Bevor wir zum nächsten Punkt kommen, möchte ich nochmal einen kleinen Schlenker machen und mit dir über die Lifestyle-Inflation reden. Dabei handelt es sich um eine ziemlich fiese Falle, in die man oft unbewusst tappt. Bei der Lifestyle-Inflation geht es um die Gefahr, dass man mit steigendem Einkommen auch seine Ausgaben erhöht: größere Wohnung, größeres Auto, teurer Urlaub und so weiter. Das ist doppelt schädlich. Denn die Höhe deines Einkommens ist für den Vermögensaufbau nicht so sehr entscheidend. Viel wichtiger ist, wie viel du sparst. Das Delta zwischen Einnahmen und Ausgaben muss also möglichst groß werden. Das heißt: Deine Ausgaben sollten langsamer steigen als dein Einkommen. Das ist das eine.

Das andere ist: Wenn du sparsam lebst, ist auch deine Rentenlücke wesentlich kleiner. Ist ja logisch. Wenn du vorher schon keine großen Ausgaben hattest, hast du sie auch im Alter nicht. Die Chance ist also wesentlich größer, dass du den Rentenbeginn gar nicht so sehr finanziell merkst. Erstens konntest du eine Menge sparen und hast dir ein Vermögen aufgebaut, von dem du im Alter zehren kannst. Und zweitens ist die Lücke nicht so groß, die geschlossen werden muss.

Okay, so viel also zum ersten Punkt: Wie viel Geld möchte ich im Alter haben, abgehakt. Wie gesagt, du kannst hier nur grobe Annahmen treffen, um eine Vorstellung zu erlangen. Aber das ist immerhin besser als nichts. Und natürlich ergibt es Sinn, immer mal wieder schauen, wie sich die Ausgaben im Laufe der Zeit verändern.

Mit wie viel Geld kann ich im Alter rechnen?

Kommen wir zum nächsten Punkt: den Einnahmen. Da ist ein ganz wichtiger Baustein natürlich die gesetzliche Rente. Die Frage nach der Höhe der Rente ist leider gar nicht so einfach zu beantworten. Das hängt von vielen verschiedenen Faktoren ab, wie du aus Kapitel eins weißt: Dazu gehört die Höhe des Einkommens und damit verbunden, wie viele Entgeltpunkte du sammelst, und dann ist natürlich noch ein wichtiger Punkt, wie viel so ein Entgeltpunkt am Ende wert ist. Der Wert wird ja jedes Jahr angepasst und die Steigerung kann größer oder kleiner ausfallen.

Die Renteninformation gibt dir ein regelmäßiges Update darüber, mit was du ungefähr im Alter rechnen kannst. Das ist schon einmal ein guter Anhaltspunkt, zumal hier verschiedene Szenarien durchgespielt werden. Auch darüber hatten wir in Kapital eins geredet.

In diesem Zusammenhang auch mal ganz spannend zu sehen, was deine künftige Rente einmal wert ist. Dafür helfen Barwertrechner, die den Wertverlust durch Inflation simulieren. Im Anhang habe ich dir einen Rechner verlinkt.

Im Internet findest du auch diverse Rentenrechner, die theoretisch helfen könnten. Aber ich muss gestehen: So richtig zufrieden bin ich mit keinem gewesen, den ich mir angeschaut habe. In aller Regel wird nur der Status quo hochgerechnet und man kann nicht wirklich verschiedene Szenarien wie Entwicklung des eigenen Einkommens, des Durchschnitteinkommens und des Rentenwerts durchspielen. Außerdem weiß ich nicht, wie gut sie gepflegt sind, ob sie also jedes Jahr aktualisiert werden.[41] Am besten hat mir noch der Rechner auf Ihre-Vorsorge.de von der Deutschen Rentenversicherung gefallen. Hier kann man zumindest verschiedene Einkommensentwicklungen simulieren. Über den QR-Code in der Übersicht am Ende des Buches findest du ihn.

Steuern und Krankenversicherung im Alter

Wenn du wieder den schnellen Weg wählst, dann bist du an dieser Stelle erst mal fertig. Du könntest in diesem Fall aber die Höhe deiner Rente überschätzen. Denn es gibt da noch die zwei wichtigen Themen, die deine Rente schmälern: Steuern und Sozialabgaben. Es könnte also durchaus sinnvoll sein, hier noch einmal ein bisschen zu rechnen und zu überlegen.

Fangen wir mit dem Steuerthema[42] an: Die Besteuerung der Rente ist ein nicht ganz einfaches Thema – o Wunder! Denn 2005 gab es

41 Sowohl das Durchschnittseinkommen als auch der Rentenwert in den Formeln müssen jedes Jahr angepasst werden. Dazu kommen mögliche gesetzliche Änderungen.

42 Hierzu könnte man fast ein eigenes, kleines Buch schreiben. Wie du weißt, ist das deutsche Steuerrecht sehr komplex. Ich reiße das Thema hier nur mal grundsätzlich an. Wenn du dich tiefer informieren möchtest, empfehle ich dir den Ratgeber der Deutschen Rentenversicherung. Du findest den Link im Anhang.

einen Wechsel. In dem Jahr begann die sogenannte „nachgelagerte Besteuerung“. Alles das, was du für die Altersvorsorge aufwendest, wird zunehmend steuerfrei. Dafür musst du aber auf deine späteren Renteneinkünfte Steuern zahlen (natürlich genauso wie auf Einkünfte aus anderen Quellen). Das erfolgt Zug um Zug in einer langen Übergangszeit von 53 Jahren. Das heißt, ab dem Jahr 2058 sind hundert Prozent der Rente steuerpflichtig.

Abgemildert wird dieser Prozess für Rentner dadurch, dass zu Rentenbeginn ein Teil festgesetzt wird, der steuerfrei bleibt. Jedoch handelt es sich hierbei um einen absoluten Betrag, Das heißt, er wächst nicht mit, wenn die Rente steigt. Wer zum Beispiel im Jahr 2030 in Rente geht, muss 86 Prozent seiner Rente versteuern. Der Freibetrag beträgt zu Rentenbeginn 14 Prozent. Bei einer Rente von 2.000 Euro sind das also 280 Euro. Wenn die Rente aber durch Erhöhungen steigt, wächst dieser Freibetrag nicht mit. Er bleibt bei 280 Euro. Prozentual wird er also kleiner. Diesen „Rentenfreibetrag“ darfst du aber nicht mit dem Grundfreibetrag verwechseln. Den kennst du ja vielleicht von deiner jetzigen Steuererklärung schon. Den gibt es auch noch, der steht ja jedem Steuerzahler zu und somit natürlich auch Rentnern. Nur was darüber liegt, muss versteuert werden.

Im Prinzip ist diese „nachgelagerte Besteuerung“ der Rente gar nicht schlecht. Denn während deiner Berufsjahre musst du weniger Steuern zahlen. Wie gesagt: Die Ausgaben für Altersvorsorge werden zunehmend steuerfrei. Im Alter hast du üblicherweise weniger Geld und entsprechend einen geringeren Steuersatz. Aber so richtig gefällt mir die Sache trotzdem nicht: Wenn meine Rente im Alter eh schon gering ist, fühlt es sich irgendwie nicht gut an, wenn sie durch die Steuern noch kleiner wird – auch wenn ich vielleicht unterm Strich, wenn ich also beide Lebensphasen betrachte – besser wegkomme. Zumindest hat man vor der Rente mehr Geld zur Verfügung, das man ansparen kann.

Wie die Rente mehr und mehr besteuert wird

Jahr des Rentenbeginns	Besteuerungansteil (in Prozent)	unversteuerter Anteil d. Rente (in Prozent)
bis 2005*	50	50
2010	60	40
2016	70	30
2020	80	20
2021	81	19
2022	82	18
2023**	82,5	17,5
2038	90	10
2048	95	5
ab 2058	100	0

*Ein immer größerer Anteil der Rente muss in den nächsten Jahren versteuert werden. Quelle: DRV; * Erhöhung des Steueranteil um zwei Prozentpunkte pro Jahr, ** Steueranteil erhöht sich pro Jahr nur noch um 0,5 Prozentpunkt*

Wie auch immer: Es ist, wie es ist. Für dich heißt das: Rechne mal aus, wie viel Steuern von deiner Rente abgehen. Nutzen kannst du dafür die diversen Einkommenssteuer-Rechner, die es im Internet gibt. Einen, der mir ganz gut gefällt, habe ich in der Übersicht am Ende des Buches verlinkt.

Die Steuer ist leider nicht das Einzige, was deine Rente mindert. Du musst nämlich auch noch Beiträge zur Kranken- und Pflegeversicherung zahlen,[43] zum Glück aber nichts für die Arbeitslosen- und Rentenversicherung. Wie die Rentenversicherung so schön auf ihrer Internetseite schreibt: „Es gilt der Leitsatz: Im Ruhestand sind Sie kranken- und pflegeversichert wie im bisherigen Erwerbsleben." Wer also gesetzlich versichert war, ist weiter gesetzlich versichert und wer privat versichert war, ist das auch im Alter.

43 Ich gebe hier nur einen kurzen, generellen Überblick ohne auf mögliche Sonderfälle und so weiter einzugehen. Das würde sonst den Rahmen sprengen. Auf der Seite der Deutschen Rentenversicherung findest du noch umfangreichere Tipps. Den Link findest du am Ende des Buches in der Übersicht.

Bei gesetzlich Versicherten übernimmt die Rentenversicherung sozusagen den Anteil des Arbeitgebers. Die Beiträge werden also geteilt. Das heißt: Die Rentenversicherung behält deinen Anteil bei der monatlichen Rentenzahlung ein und leitet diesen zusammen mit ihrem Anteil an deine Krankenkasse weiter. Auch an dem von deiner Krankenkasse erhobenen individuellen Zusatzbeitrag beteiligt sich die Rentenversicherung zur Hälfte.

Bei der Pflegeversicherung gibt es diese Beteiligung leider nicht. Rentner müssen sie also voll bezahlen.

Konkret heißt das für deine Hochrechnung: Angenommen, es ändert sich bis zu deine Rente nichts und alles bleibt wie jetzt (Stand 2023), musst du noch 7,3 Prozent für die Krankenversicherung abziehen und 3,40 Prozent für die Pflegeversicherung; wenn du keine Kinder hast, sind es vier Prozent.

Wenn du privat versichert bist, unterstützt dich die Rentenversicherung ebenfalls im Alter. Auch hier gibt es einen Zuschuss. Sie zahlt dir genauso viel, als wärst du gesetzlich versichert, also die Hälfte des Beitrags zur gesetzlichen Krankenversicherung. Einmal unterstellt, alles bliebe wie jetzt (2023), wären es also auch 7,3 Prozent. Diesen Zuschuss kannst du also von deinem individuellen Beitrag zur privaten Krankenversicherung abziehen. Den Rest musst du selber tragen und er schmälert entsprechend deine Rente – genauso die Beiträge zur privaten Pflegeversicherung, den du natürlich auch noch zahlen musst.

Die Formel für deine Rentenlücke

So viel also zu den Abzügen. Neben der gesetzlichen Rente hast du vielleicht im Alter noch weitere Einnahmequellen. Dieses Buch dreht sich zwar darum, wie du eine private Altersvorsorge aufbaust. Aber wahrscheinlich fängst du nicht bei null an. Vielleicht hast du ja schon ein bisschen Geld zurückgelegt oder Versicherungen wie die Riester-Rente oder eine Lebensversicherung abgeschlossen. Das sind natürlich alles Einnahmen, die zu den Zahlungen der gesetzlichen Rentenversicherung dazu kommen und die Rentenlücke mindern. Und wenn du die Ratschläge im Buch umsetzt, kannst du so überprüfen, wie deine

Rentenlücke kleiner wird, oder nachjustieren, wenn es doch nicht reichen sollte.

Um es mal auf eine Formel zu bringen:

Rentenlücke = Wunschrente – (gesetzliche Rente abzgl. Steuern und Abgaben + private Altersvorsorge abzgl. Steuern und Abgabe)

Du merkst: Es ist gar nicht so einfach, die Rentenlücke zu ermitteln. Deine Berechnungen können höchstens ein Anhaltspunkt sein. Du solltest sie auf jeden Fall alle paar Jahre überprüfen, um nachjustieren zu können. Vielleicht verdienst du in einigen Jahren mehr als gedacht. Es kann aber natürlich auch sein, dass du mal eine Phase mit geringerem Einkommen hast, zum Beispiel wegen Arbeitslosigkeit, Teilzeit oder einer Auszeit. In diesem Fall würde deine Rente vermutlich kleiner ausfallen als bisher gedacht und dein Vorsorgebedarf würde steigen.

Vermögensaufbau für die Rente

monatliche Einkommenslücke	Rendite (in Prozent)				
	0	1	2	3	4
500 Euro	150 000	132 800	265 600	105 700	95 050
1000 Euro	300 000	265 600	236 300	211 400	190 100
2000 Euro	600 000	531 100	472 000	422 800	380 200
3000 Euro	900 000	796 700	709 000	634 200	570 300
4000 Euro	1 200 000	1 062 300	945 300	845 600	760 300

Die Tabelle zeigt, wie viel Vermögen du beim Eintritt in den Ruhestand brauchst, um eine Rentenlücke 25 Jahre lang zu schließen. Je besser das Geld angelegt, desto geringer ist die Summe. Quelle VZ VermögensZentrum, Angaben in Euro

So, das war jetzt viel Theorie! Lass es uns jetzt mal an einem konkreten Beispiel durchgehen (Werte für 2023): Sonja (ledig, ein Kind) möchte wissen, wie große ihre Rentenlücke ist. Sie verdient als Angestellte 4.569 Euro im Monat. In 21 Jahren, also im Jahr 2044, geht Sonja in Rente.

Sonja versucht in einem ersten Schritt abzuschätzen, wie viel Geld sie ungefähr im Alter brauchen wird. Sie rechnet mit 3.000 Euro. Das ist in etwa so viel, wie sie momentan netto verdient. Allerdings entspricht die Kaufkraft von 3.000 Euro im Jahr 2023 wegen der Inflation natürlich nicht der Kaufkraft von 3.000 Euro im Jahr 2044. Deswegen kalkuliert Sonja mit einem Inflationsrechner, wie viel Geld sie künftig braucht. Sie unterstellt eine durchschnittliche Inflation von zwei Prozent. Ergebnis: Sonja braucht rund 4.500 Euro, um sich in 21 Jahren all das kaufen zu können, was heute 3.000 Euro kostet.

Kommen wir zum zweiten Schritt: den Einnahmen. Sonja hat noch nicht fürs Alter vorgesorgt. An Einnahmen kann sie daher nur mit ihrer gesetzlichen Rente kalkulieren. Dafür schaut Sonja auf dem Schreiben zur Renteninformation nach. Sie erfährt: Wenn sie bis zum Rentenbeginn so viel wie in den vergangenen fünf Jahren verdient, bekäme sie ohne Rentenanpassung eine Rente von rund 2.158 Euro im Monat. Bei einem jährlichen Anpassungssatz von zwei Prozent wären es 3.470 Euro. Sonja wählt die Hochrechnung mit der Steigerung. Sie weiß aus den Nachrichten, dass in den letzten Jahren die Erhöhungen sogar noch höher waren. Zwei Prozent hält sie daher auch für die nächsten Jahre für realistisch.[44]

Schon jetzt wird deutlich, dass sich bei Sonja eine massive Rentenlücke abzeichnet. Zwar ist ihre Rente höher als die Wunschrente, die sie für sich berechnet hat. Berücksichtigt man allerdings die Inflation, fehlen bereits rund 1.000 Euro. Und da sind die Steuern[45] und Sozialabgaben noch gar nicht von der Rente abgezogen. Angenommen, die Beitragssätze bleiben so wie heute und auch der Steuersatz ändert sich nicht, gehen noch einmal gut 371 Euro für Kranken- und Pflegeversicherung ab und rund 458 Euro für die Steuern[46]. Die beiden Posten mindern die Rente also um insgesamt 829 Euro.

---

44 Im Rentenversicherungsbericht 2022 wird übrigens für den Zeitraum 2022 bis 2035 eine durchschnittliche Erhöhung von 2,75 Prozent pro Jahr unterstellt.

45 Im Jahr 2044 liegt der Besteuerungsanteil bei 93 Prozent, du erinnerst dich.

46 Grundlage für Berechnung der Steuern (auf Jahresbasis): Im Jahr 2044 beträgt der Besteuerungsanteil der Rente 93 Prozent. Bei einem Einkommen in Höhe von 41.640 Euro macht das 38.725 Euro. Davon gehen nochmal 6.000 Euro für Werbungsausgaben und weitere Sonderausgaben ab. Es bleibt ein zu versteuerndes Einkommen von 32.725 Euro.

So schmilzt die Rente dahin

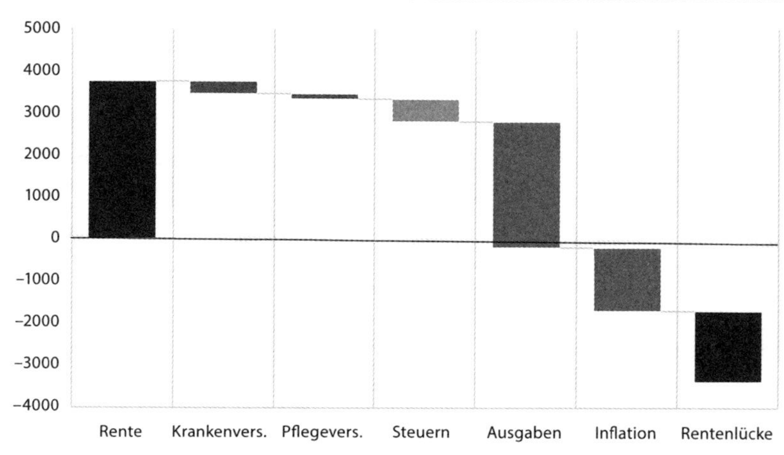

Steuern, Sozialversicherung und die Inflation mindern die Rente erheblich. In der Beispielrechnung fehlen fast 1.629 Euro. Um die Rentenlücke auszugleichen, ist eine private Vorsorge wichtig. Angaben in Euro

Hart gerechnet droht Sonja damit eine Rentenlücke von 1.629 Euro. Das ist mal nicht wenig. Sie wird sich also die Frage stellen müssen, ob sie sich wirklich so hohe Ausgaben im Alter leisten kann und will. Womöglich schrumpft die Lücke noch etwas, weil die Rentenerhöhungen üppiger ausfallen können als angenommen. Und natürlich kann auch Sonjas Rente höher sein als geschätzt, weil ihr Einkommen nicht für die nächsten 21 Jahren stagnieren wird, wie es die Rentenversicherung bei ihrer Prognose unterstellt. Aber es ist ziemlich klar, dass Sonja etwas tun muss.

Wie du deine Rente aufbessern kannst

So, jetzt kommen wir aber wirklich zu dem Punkt, wie du dafür sorgen kannst, dass du mehr Geld im Alter hast. Im vorherigen Kapitel hast du ja erfahren, wie viel Geld du ungefähr ansparen musst. Jetzt soll es darum gehen, wie du das schaffst und welche Möglichkeiten es dafür gibt. Dabei will ich in diesem Kapitel erst mal darauf eingehen, was du innerhalb des Systems machen kannst. Das heißt: Was kannst du tun, damit du eine höhere Rente bekommst? Später schauen wir uns nach Alternativen um.

Bevor es etwas technischer und zahlenlastiger wird, möchte ich dir kurz in Erinnerung rufen, dass alles, was du machen kannst, um mehr zu verdienen, dir natürlich nicht nur jetzt, sondern auch später im Alter zu einer höheren Rente verhilft. Je höher dein Einkommen, desto mehr Entgeltpunkte sammelst du, die später (in Kombination mit dem Rentenwert) die monatliche Rentenzahlung bestimmen.

Deshalb: Denk darüber nach, was du tun kannst, um mehr zu verdienen. Welche Weiter- und Fortbildungsmöglichkeiten gibt es? Zahlen andere Firmen vielleicht mehr? Ist ein Wechsel zurück von Teilzeit- auf Vollzeit möglich (für den Fall, dass du deine Stunden reduziert hast)? Ein höherer Lohn ist der erste Schritt zu einer besseren Rente und der beste Schutz vor Altersarmut.

Nun aber zu den verschiedenen Sachen, die du darüber hinaus innerhalb des Rentensystems machen kannst.

Kontrolliere dein Rentenkonto (und später natürlich deinen Rentenbescheid)

„Jeder Monat für die Rente zählt", schreibt die Deutsche Rentenversicherung in einer ihrer Broschüren. Das ist vielleicht etwas überspitzt formuliert, zeigt aber ein bisschen, auf was es ankommt. Denn natürlich kann nur in die Berechnungen einfließen, was auch auf dem sogenannten Rentenkonto (das eigentlich offiziell Versicherungskonto heißt) gespeichert ist. Das Konto bildet die Berechnungsgrundlage für deine spätere Rente. Dieses Konto gilt es im Auge zu behalten und zu kontrollieren. Denn leicht kann hier mal etwas schiefgehen. Die Rentenversicherung rät selbst: „Bitte überprüfen Sie regelmäßig die Vollständigkeit der Daten, die uns übermittelt werden. Dabei hilft Ihnen die Renteninformation, die Ihnen automatisch einmal im Jahr zugesandt wird. Entdecken Sie in Ihrem Versicherungskonto eine Lücke, schließen Sie diese möglichst gleich. Je länger der fragliche Zeitraum zurückliegt, desto schwieriger kann es für Sie werden, fehlende Nachweise und Unterlagen zu beschaffen. Auch falls Zeiten fehlerhaft gespeichert sind, sorgen Sie bitte möglichst zeitnah für eine Richtigstellung."

Auf diesem Rentenkonto liegt eine Vielzahl von Daten. Das geht bei Namen, Geburtsdaten und der Adresse los und endet – hier wird es besonders wichtig – bei den Versicherungszeiten, also bei den Monaten, die in die Berechnung deiner Rente mit einfließen.

Hier muss man einmal unterscheiden zwischen den Zeiten, die Auswirkungen auf die Höhe deiner Rente haben, und den Zeiten, die dir Rentenoptionen freischalten. Dazu gehören die

- Mindestversicherungsdauer von fünf Jahren, die du brauchst, um überhaupt Anspruch auf eine gesetzliche Rente zu haben
- und die Altersrente für langjährig Versicherte mit mindestens 35 Versicherungsjahren. Sie ermöglicht dir, früher (allerdings mit Abschlägen) in Rente zu gehen.
- Und dann gibt es noch die Rente für besonders langjährig Versicherte mit 45 Versicherungsjahren. Sie können auch schon früher in Rente gehen und das sogar ohne Abschläge.[47]

Je nach Option erkennt die Rentenversicherung unterschiedliche Zeiten an, um auf die geforderten Jahre zu kommen. Das können Studium,

---

47 Die Möglichkeit ist als „Rente mit 63" bekannt, wobei auch hier das Alter steigt, hin zu einer „Rente mit 65".

Wehr- oder Zivildienst, Zeiten der Arbeitslosigkeit oder Kindererziehungszeiten sein.[48] Wichtig für dich ist also zu überprüfen, ob diese Informationen auf deinem Versicherungskonto gespeichert sind, wenn diese Zeiten für dich relevant sind.

Das ist also das Erste, was es zu checken gilt.

Kommen wir jetzt zu dem Punkt, dass auch die Höhe deiner Rente richtig berechnet wird. Die Höhe deiner Rente wird natürlich nicht nur von der Höhe deines Einkommens (in Relation zum Durchschnittseinkommen) beeinflusst, sondern auch von der Zeit, die du eingezahlt hast. Mehr Entgeltpunkt, mehr Rente. Das heißt: Auch gilt es zu schauen, ob alle Daten stimmen. Sie werden zwar vom Arbeitgeber in der Regel automatisch übermittelt, aber man weiß ja nie.

Daneben gibt es auch Zeiten, in denen der Staat für dich einzahlt. Auch hier ist natürlich wichtig, dass alles richtig erfasst ist und du bekommst, was dir zusteht.

An erster Stelle möchte ich hier die Erziehungszeiten nennen. Worum geht es dabei? Nun, der Staat zahlt für eine gewisse Zeit für dich in die Rentenkasse ein, weil du dich um deinen Nachwuchs kümmerst. Für Geburten bis einschließlich 1991 sind es längstens die ersten 30 Monate nach dem Geburtsmonat, für Geburten danach längstens die ersten 36 Monate. Werden mehrere Kinder gleichzeitig erzogen, verlängert sich der Zeitraum entsprechend, sodass für jedes Kind 30 oder 36 Monate berücksichtigt werden.

Das ist so geregelt, dass so getan wird, als hättest du in dieser Zeit einen Durchschnittsverdienst erzielt. Das heißt, du kannst bis zu drei Entgeltpunkte erhalten. Das Ganze läuft zwar unter dem Namen Mütterrente. Aber natürlich steht die Unterstützung auch dem Vater zu. Entscheidend ist, wer sich mehr um die Erziehung des Kindes gekümmert hat. Es ist also nicht möglich, dass sich die Eltern diese Punkte teilen. Nur ein Elternteil kann sie bekommen. Ob du in dieser Zeit

---

48 Das hier jetzt alles im Detail aufzuführen, ergibt nicht viel Sinn. Lieber verweise ich da auf die Seite der Rentenversicherung. Hier informiert sie ausführlich über die Altersrente für langjährige und besonders langjährige Versicherte. Besser könnte ich es auch nicht machen. Den Link findest du im Anhang.

gearbeitet hast oder nicht, spielt keine Rolle. Du bekommst diese Entgeltpunkte trotzdem gutgeschrieben.[49]

Der entscheidende Punkt ist, dass die Anrechnung der Kindererziehungszeiten beantragt werden muss. Du bekommst sie nicht automatisch. Eine Frist dafür gibt es aber nicht. Es reicht auch, dass noch kurz vor dem Rentenantrag zu machen. Den Link für den Antrag findest du hinten im Buch.

Der Staat unterstützt Eltern auch noch auf einem anderen Weg: Neben den Kindererziehungszeiten gibt es auch noch Berücksichtigungszeiten wegen Kindererziehung. Sie müssen auch beantragt werden.[50] Hier geht es um eine Art Aufstockung der Entgeltpunkte bei einem geringen Verdienst (zum Beispiel, weil man nur Teilzeit arbeitet). Allerdings gibt es dafür enge Grenzen, sodass man individuell schauen muss, ob diese Zeiten einen Effekt haben oder nicht. Zehn Jahre werden angerechnet. Die Berücksichtigungszeiten werden auch wieder nur einem Elternteil gutgeschrieben.

Daneben möchte ich dich noch auf ein paar weitere Dinge hinweisen, die für deine Rente relevant sind und bei denen du sichergehen solltest, dass du bekommst, was dir zusteht.

- Da wäre zum einem der Wehrdienst: Der Staat zahlt für dich ein, wenn du freiwilligen Wehrdienst leistest. Dabei wird ein fiktiver Verdienst von 80 Prozent (bis 31. Dezember 2019 60 Prozent) einer sich jährlich ändernden sogenannten Bezugsgröße angenommen.
- Außerdem hätten wir Zeiten, in denen du Sozialleistungen erhältst, zum Beispiel, weil du arbeitslos bist. Hier zahlt die Agentur für Arbeit Pflichtbeiträge an die Rentenversicherung.
- Und dann haben wir noch den großen Block „ehrenamtliche Pflege von Angehörigen“. Auch diese Zeiten könnten unter

---

49 Allerdings gilt die Beitragsbemessungsgrenze. Es wird ja so getan, als ob du in dieser Zeit ein Durchschnittseinkommen verdienst. Wenn ein echtes Einkommen und dieses „fiktive“ Einkommen über der Grenze liegen, gibt es dort einen Cut.

50 Kindererziehungszeiten und die Feststellung von Berücksichtigungszeiten wegen Kindererziehung können gemeinsam beantragt werden. Der Antrag V0800 (hinten im Buch verlinkt) erfasst beides.

gewissen Bedingungen für die Höhe deiner Rente relevant sein. Denn auch hier werden für dich Pflichtbeiträge in die Rentenkasse gezahlt. Das macht in der Regel die Pflegekasse des Pflegebedürftigen, also die gesetzliche oder private Krankenversicherung. Die Höhe hängt von der bezogenen Pflegeleistung und dem Pflegegrad des Pflegebedürftigen ab. Du merkst schon, das Thema ist nicht ganz einfach und etwas komplex. Hier tiefer einzusteigen, würde den Rahmen des Buches sprengen. Deshalb habe ich dir im Anhang weitere Infos der Rentenversicherung verlinkt.

Wie sich Pflege auf die Rente auswirkt

Pflegegrad	bezogene Leistung	Rentenzahlbetrag West/Monat*	Rentenzahlbetrag Ost/Monat*
2	Pflegegeld	8,77 EUR	8,59 EUR
	Kombinationsleistung	7,46 EUR	7,30 EUR
	Sachleistung	6,14 EUR	6,01 EUR
3	Pflegegeld	13,97 EUR	13,68 EUR
	Kombinationsleistung	11,88 EUR	11,62 EUR
	Sachleistung	9,78 EUR	9,57 EUR
4	Pflegegeld	22,75 EUR	22,26 EUR
	Kombinationsleistung	19,33 EUR	18,92 EUR
	Sachleistung	15,95 EUR	15,58 EUR
5	Pflegegeld	32,49 EUR	31,80 EUR
	Kombinationsleistung	27,62 EUR	27,03 EUR
	Sachleistung	22,75 EUR	22,26 EUR

*Die ehrenamtliche Pflege eines Angehörigen wirkt sich auch auf die Rente auf. Die Höhe hängt von verschiedenen Faktoren ab. Die Pflege eines Pflegebedürftigen mit Pflegegrad 1 wirkt sich jedoch auf die Rente aufgrund der fehlenden Versicherungspflicht der Pflegeperson nicht aus. Quelle: DRV; *Für Pflegepersonen mit Besitzstandsschutz können sich abweichende Beträge ergeben. Stand: 2021*

Du siehst, es gibt also eine ganze Menge Sachen, die richtig erfasst und beantragt werden müssen und die dich im Alter jeden Monat Geld kosten (weil weniger Rente), wenn du hier nicht aufmerksam bist. Die Rentenversicherung unterstützt hier. Du kannst hier einen Antrag auf Kontenklärung stellen. Dort siehst du, ob es „ungeklärte Zeiten" gibt –

und kannst überprüfen, ob die gespeicherten Zeiten stimmen. Den Link zum Antrag habe ich dir am Ende des Buches als QR-Code verlinkt.

Außerdem meldet sich sie die Rentenversicherung automatisch. Den ersten Überblick über dein Versicherungskonto bekommst du mit deiner ersten Renteninformation. Und dann kommt wieder eine Information, wenn du 43 Jahre alt bist. Ab einem Alter von 55 Jahren bekommst du alle drei Jahre eine Rentenauskunft mit persönlichem Versicherungsverlauf zugeschickt.

Länger arbeiten für mehr Rente

Später in Rente zu gehen, klingt jetzt natürlich nicht besonders prickelnd. Aber es kann sich durchaus lohnen, mal darüber nachzudenken. Die Rente ist ja kein Automatismus. Nur, weil du das gesetzliche Rentenalter erreicht hast, gehst du ja nicht in Rente. Nur wer einen Antrag stellt, bekommt auch eine Rente.

Länger zu arbeiten, kann interessant sein, weil es sich gleich doppelt lohnt. Du zahlst nicht nur weiter Beiträge ein und erhöhst deine Ansprüche. Die Rentenversicherung belohnt auch noch jeden Monat, den du länger arbeitest.

Was heißt das konkret? Für jeden Monat, den du später in Rente gehst, gibt es einen Zuschlag von 0,5 Prozent. Das heißt, wenn du ein Jahr mehr arbeitest, bekommst du sechs Prozent mehr Rente. Das ist gar nicht so wenig. Das heißt: Statt zum Beispiel 1.700 Euro im Monat bekommst du, wenn du ein Jahr länger arbeitest, 1.802 Euro. Das sind also knapp 100 Euro mehr. Dafür muss man sonst einiges ansparen. Und da sind die gestiegenen Ansprüche durch die fortgesetzte Beitragszahlung noch gar nicht mit drin.

Du hast noch eine andere Möglichkeit: Du kannst in Rente gehen und trotzdem weiterarbeiten. Dann bekommst du deine Rente und deinen Lohn. Was die Sache interessant macht: Auch hier belohnt die Rentenversicherung deinen Einsatz mit einem Zuschlag. Der beträgt auch 0,5 Prozent pro Monat. Dieses Mal bezieht er sich aber nicht auf die gesamte Rente wie eben, sondern nur auf die Ansprüche, die du in der „Verlängerung“ erwirbst. Ab Juli des Folgejahres wird dann direkt die erhöhte Rente gezahlt.[51] Hierfür musst du jedoch dem Arbeitgeber mitteilen, dass du gerne weiter Beiträge leisten und dich freiwillig versichern möchtest.

Wenn du dich jetzt fragst: Arbeiten neben der Rente oder in der Rente? War da nicht irgendetwas mit Hinzuverdienstgrenzen? Ja, da war mal was, vor allem bei Frührentnern. Diese Hinzuverdienstgrenzen wurden jedoch 2023 abgeschafft.[52] Das heißt, du kannst so viel verdienen, wie du willst. Jedoch solltest du prüfen lassen, wie sich die Kombination Lohn plus Rente steuerlich auswirkt. Für die beiden Einnahmen werden jeweils für sich allein möglicherweise erst mal keine Steuern fällig – je nach Höhe. Womöglich stellt sich aber in der Steuererklärung heraus, wenn beide Einnahmen zusammen betrachtet werden, dass Steuern fällig werden. Für diesen Fall ist es dann gut, etwas Geld für die Nachzahlung beiseitegelegt zu haben.

Freiwillige Nachzahlungen in die Rentenkasse

Kommen wir zur dritten Möglichkeit, wie du deine gesetzliche Rente aufbessern kannst. Du kannst freiwillige Einzahlungen leisten. Das läuft alles unter dem Namen Nachzahlung. Diesen Nachzahlungen sind jedoch enge Grenzen gesetzt. Das heißt, sie sind nur unter bestimmten Umständen und in einem engen Rahmen möglich. Und außerdem gilt es zu rechnen, ob es sich wirklich lohnt – oder ob das Geld an anderer Stelle lukrativer investiert ist. Aber der Reihe nach!

Schauen wir uns zuerst einmal an, wann überhaupt Nachzahlungen infrage kommen. Wie gesagt, der Möglichkeit sind enge Grenzen gesetzt. Es geht hier insbesondere um Ausbildungs- und Schulzeiten. Ein Teil wird dir von der Rentenversicherung anerkannt, und zwar die Zeit von deinem 17. bis zum 25. Lebensjahr. Sie gilt als Anrechnungszeit. Du erinnerst dich hoffentlich noch an den Anfang des Kapitels: Solche Anrechnungszeiten können dir helfen, auf 35 oder 45 Versiche-

51 Die Regelung ist etwas anders, wenn du Frührentner bist. Dann gibt es die Erhöhung erst mit Erreichen der regulären Altersgrenze.

52 Für die volle und teilweise Erwerbsminderungsrente gibt es noch eine Grenze.

rungsjahre zu kommen. Auf die Höhe deiner Rente hat das aber keinen Einfluss, denn als nicht angestellter Student oder Schüler zahlst du ja keine Beiträge in die Rentenversicherung.

Wenn du dich jetzt aber länger als diese acht Jahre in Ausbildung befindest (und keine Beiträge einzahlst, weil du nicht arbeitest), dann entsteht eine Rentenlücke und die kannst du über Nachzahlungen schließen. Diese Einzahlung kann also sinnvoll sein, um deine Rente zu erhöhen und um eine bestimmte Wartezeit erfüllen. Wie viel du einzahlst, ist flexibel. Vom monatlichen Mindestbeitrag von 96,72 Euro bis zum Höchstbeitrag von 1.357,80 Euro ist alles möglich (Stand 2023).[53] Beiträge können auch für einzelne Monate eingezahlt werden. Es muss also nicht immer ein Jahr „vollgemacht" werden.

Ähnlich wie beim Lohn werden diese Einzahlungen in Rentenpunkte umgerechnet. Zahlst du genauso viel ein wie ein Durchschnittsverdiener (inklusive Arbeitgeberanteil), gibt es einen Rentenpunkt.

Wichtig ist dabei zu wissen: Diese Möglichkeit gibt es nur bis zur Vollendung des 45. Lebensjahres. Danach bleibt die Rentenlücke bestehen. Den Antrag findest du im Anhang.

Hier eine kleine Beispielrechnung: Im Jahr 2022 waren Nachzahlungen zwischen 83,70 Euro und 1.311,30 Euro möglich. Ein Durchschnittsverdiener zahlte 38.901 Euro ein, der Rentenwert lag bei 36,02 Euro im Westen und 35,52 Euro im Osten. Hättest du den Mindestbetrag für ein Jahr eingezahlt, wären es 1.047,60 Euro gewesen. Damit hättest du also 0,1447 Entgeltpunkte erworben (für 7.235,58 Euro gab es einen Entgeltpunkt). Das entspricht also 5,22 Euro mehr Rente im Monat (West). Die Maximalsumme hätte 15.735 Euro betragen, also umgerechnet 2,174 Entgeltpunkte. Damit hättest du deine Rente im Monat um 78,30 Euro aufgebessert (West).

---

53 Der Mindestbeitrag berechnet sich aus dem Beitragssatz zur gesetzlichen Rentenversicherung von 18,6 Prozent und der Minijobgrenze von derzeit 520 Euro. Der Höchstbeitrag berechnet sich dagegen aus dem Beitragssatz von 18,6 Prozent und der Beitragsbemessungsgrenze von 87.600 Euro (Stand 2023). Ändert sich einer dieser Faktoren (Beitragssatz, Minijobgrenze, Beitragsbemessungsgrenze), ändert sich auch der Mindest- bzw. der Höchstbeitrag. Die Beitragsbemessungsgrenze und somit der Höchstbeitrag ändern sich i. d. R. jedes Jahr. Ändert sich die Minijobgrenze unterjährig, wird der Mindestbeitrag erst zu Beginn des folgenden Jahres geändert.

Du siehst an dieser Beispielrechnung: Wenn du deine Rente merklich erhöhen willst, ist ein ziemlicher hoher Betrag nötig. Wenn es dir nur um die Wartezeit geht, reicht natürlich der Minimalbetrag aus. Es dauert aber Jahre, bis sich die Summe rechnet.[54] Dabei gilt es aber auch zu berücksichtigen (wie auch bei der nächsten Möglichkeit, von der du gleich lesen wirst), dass die Entgeltpunkte mit der Zeit an Wert gewinnen. Mit jeder Rentenerhöhung werden sie wertvoller. Solche Beispielrechnungen sind also durchaus komplex und schwer abzuschätzen.

Daneben gibt es noch eine andere Möglichkeit, die für dich interessant ist, wenn du früher in Rente gehen willst: der Kauf von Rentenpunkten. Das läuft unter dem Namen Sonderzahlung. Der Hintergrund: Wenn du 35 Versicherungsjahre vorweisen kannst, kannst du ja früher in Rente gehen – mit Abschlägen wohlgemerkt. Natürlich nicht zu jedem beliebigen Zeitpunkt, auch hier gibt es gewisse Grenzen. Ab 63 Jahren ist es frühestens möglich. Für jeden Monat musst du aber Abschläge in Höhe von 0,3 Prozent in Kauf nehmen. Das heißt: Wenn du das Maximum ausreizt, betragen die Abschläge 14,4 Prozent. Das ist natürlich eine ganze Menge.[55]

Mit Sonderzahlungen kannst du diesen Abschlag abmildern. Das geht aber erst ab einem Alter von 50 Jahren. Selbst wenn du schon eine vorzeitige Altersrente beziehst, kannst du noch diese Sonderzahlungen leisten.[56] Das alles kannst du natürlich nicht spontan machen, sondern du musst es der Rentenversicherung ausdrücklich mitteilen, wenn du früher in Rente gehen und die Abschläge ausgleichen willst.

Wie hoch diese Abschläge sind, lässt sich schwer sagen. Die Rentenversicherung erstellt auf Antrag eine Auskunft über die Rentenhöhe zum beabsichtigten Rentenbeginn, den Umfang der voraussichtlichen Rentenminderung und die Höhe des Ausgleichsbetrags. Anschließend

---

54 In unserem Beispiel sind es fast 17 Jahre (wenn der Rentenwert gleich bleibt). Dabei sind die fälligen Steuern auf die Rente und die Sozialabgaben noch nicht mal dabei.

55 Früher in Rente kostet sogar doppelt, wenn man genauer nachrechnet: Einmal mindern die Abschläge die Rente und dann werden natürlich weniger Rentenpunkte gesammelt, weil man früher aufhört zu arbeiten.

56 Sonderzahlungen sind nicht mehr möglich, wenn du die Regelaltersgrenze erreicht hast oder du eine vorzeitige Altersrente ohne Abschläge beziehst.

erhältst du eine besondere Rentenauskunft, in der du alle diese Angaben nachlesen kannst.

Entscheidend für die Berechnung sind der aktuelle Durchschnittsverdienst aller Versicherten, der Beitragssatz zur Rentenversicherung sowie der Prozentsatz, um den die Rente aufgrund des vorzeitigen Rentenbeginns voraussichtlich gekürzt wird. Vereinfacht gesagt musst du so viel einzahlen, wie ein Durchschnittsverdiener einzahlen würde, um einen Rentenpunkt zu erhalten. Das heißt, es können durchaus Summen im vierstelligen oder gar fünfstelligen Bereich fällig werden, wenn du die Abschläge ausgleichen willst.

Schauen wir uns das mal in einer Beispielrechnung an: Frank möchte zwei Jahre früher in Rente gehen. Die Rentenminderung beträgt daher 7,2 Prozent (24 Monate x 0,3 Prozent). Bei einer Bruttorente von 1.300 Euro ergibt sich ein Abschlag von 93,60 Euro im Monat (7,2 Prozent von 1.300 Euro). Im Jahr 2022 entsprach das rund 2,6 Entgeltpunkten (Rentenwert West: 36,02 Euro).

Wie wird jetzt die Ausgleichszahlung berechnet? Es ist etwas kompliziert. Die Formel, die die Rentenversicherung dafür verwendet, lautet:

Geminderte Entgeltpunkte mal Umrechnungsfaktor geteilt durch Zugangsfaktor.

Den ersten Punkt haben wir bereits – die geminderten Entgeltpunkte. Das waren rund 2,6. Der Umrechnungsfaktor ist der Betrag, den ein Durchschnittsverdiener inklusive Arbeitgeberbeitrag für einen Entgeltpunkt einzahlen muss. Das waren im Jahr 2022 rund 7.236 Euro (18,6 Prozent vom Durchschnittsverdienst in Höhe von 38.901 Euro). Bleibt noch der Zugangsfaktor. Du erinnerst dich? Der Zugangsfaktor ist die Stellschraube dafür, um mathematisch zu erfassen, wann jemand in Rente geht. Wer bis zum Erreichen der Regelaltersrente arbeitet, bekommt den Zugangsfaktor eins. Bei denjenigen, die länger arbeiten, ist er größer als eins, bei denjenigen, die kürzer arbeiten, kleiner als eins. Da Frank aber früher in Rente gehen will, werden hiervon die Abschläge in Höhe von 7,2 Prozent abzogen. Der Zugangsfaktor beträgt also 0,928. Wenn wir das alles jetzt in unsere Formel einsetzen, haben wir also

2,6 mal 7.236 Euro geteilt durch 0,928

Das Ergebnis lautet 20.273 Euro.[57] Frank müsste also über 20.000 Euro einzahlen, um die Abschläge aus seinem vorzeitigen Rentenbeginn auszugleichen.

Dabei ist gut zu wissen: Wer Sonderzahlungen zum Ausgleich von Rentenabschlägen geleistet hat, ist nicht verpflichtet, tatsächlich eine vorgezogene Altersrente in Anspruch zu nehmen. Bei einem späteren Rentenbeginn erhöhen die geleisteten Zahlungen die monatliche Rente. Außerdem zählen Zahlungen zum Ausgleich einer Rentenminderung zu den Altersvorsorgeaufwendungen und Sonderausgaben können steuerlich bis zu einer bestimmten Höchstgrenze abgesetzt werden.

„Aber lohnt sich das?“, fragst du dich vielleicht. „Und ab wann rechnet sich so eine Nachzahlung?“

Wichtiger Punkt! Deshalb: Schauen wir uns die Sache mal in einer Beispielrechnung an. Bleiben wir bei Frank und schmücken ihn noch ein bisschen aus. Sagen wir, er ist verheiratet und verdient im Jahr vor seinem vorzeitigen Renteneintritt 48.000 Euro im Jahr.[58] Um den Abschlag auszugleichen, zahlt er, wie gesagt, rund 20.000 Euro freiwillig ein. Verglichen mit jemandem, der diese Nachzahlung nicht macht, startet Frank mit einem gewaltigen Minus in den Ruhestand. Es sind allerdings nicht die rund 20.000 Euro, sondern rund 17.000 Euro. Denn Frank kann die Sonderzahlung ja steuerlich geltend machen.

Über die Jahre schmilzt das Minus allerdings dahin, Frank holt auf. Denn durch die Nachzahlung ist seine Rente deutlich höher. In seinem ersten Rentenjahr (2023) – Frank ist 65 Jahre alt – bekommt er eine Rente von rund 15.600 Euro (1.300 Euro im Monat). Ohne die Nachzahlung wären es nur 14.477 Euro, also rund 1.100 weniger. Zwar muss Frank wegen seiner höheren Rente etwas mehr in die Kranken- und Pflegeversicherung einzahlen. Der Unterschied ist aber nicht groß und beträgt rund 100 Euro im Jahr.

---

57 Ganz exakt gerechnet ohne Rundungen sind es 20.261,20 Euro.

58 Weitere Annahmen für die Beispielrechnung: Die Rente steigt jedes Jahr um ein Prozent.

Es kann dauern, bis sich eine Nachzahlung rechnet

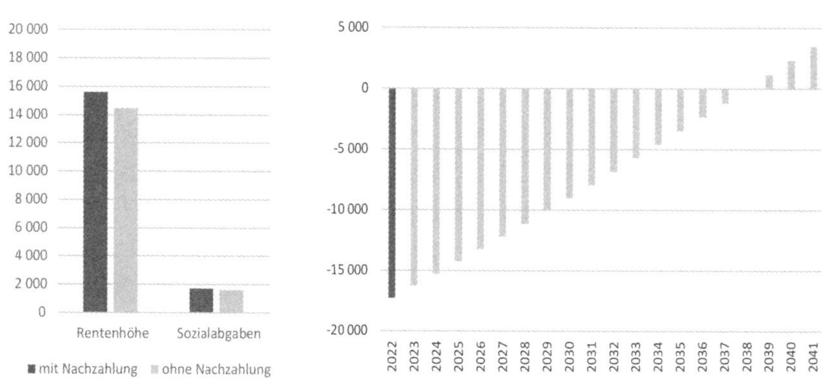

Die Nachzahlung sorgt für eine höhere Rente bei Frank (Grafik links). Mit der Zeit zahlt sich die erhöhte Rente dann aus und übersteigt schließlich die investierte Summe (Grafik rechts). Nach 16 Jahren ist Frank besser dran als jemand, der nicht eingezahlt hätte. Quelle: Berechnung VZ VermögensZentrum, Angaben in Euro.

Im Alter von 81 Jahre, also nach 16 Jahren, ist dann der Moment gekommen, wo letztendlich aus dem Minus ein Plus wird und sich die Investition auszahlt: Die Summe des Rentenvorteils übersteigt den eingezahlten Betrag. Das ist natürlich nur eine Beispielrechnung mit vielen unterstellten Annahmen. In deinem persönlichen Fall kann es schon wieder ganz anders aussehen.

Doch auch wenn sich so eine Nachzahlung mit der Zeit rechnet: Es bleibt die Frage, wie sinnvoll das ist. Denn theoretisch könnte man das Geld ja auch anders investieren. Nun, für die Rente spricht, dass es eigentlich nur ein theoretisches Verlustrisiko gibt. Wenn man nicht von irgendwelchen Szenarien wie einem Staatsbankrott ausgeht, ist das Geld dort sicher. Die Rente kann nach geltender Rechtslage nicht sinken, sondern bleibt mindestens gleich oder steigt sogar. Außerdem wird sie bis ans Lebensende gezahlt, egal, ob ich 80 oder 120 Jahre alt werde. Nicht zu vernachlässigen sind auch die steuerlichen Vorteile: Beiträge zur Altersvorsorge sind zu 100 Prozent steuerlich absetzbar. Außerdem bringen die Nachzahlungen einen Steuervorteil, weil Beiträge für die Altersvorsorge absetzbar sind.

Vor- und Nachteile freiwilliger Einzahlungen im Vergleich

Was für eine Einzahlung spricht	Was gegen eine Einzahlung spricht
Zahlungen bis ans Lebensende	Ob sich die Einzahlung tatsächlich lohnt, hängt stark von der eigenen Lebensdauer ab und ist daher schwer abschätzbar
Wenig Aufwand im Alter	Kein Zugriff mehr auf das eingezahlte Geld
Keine Kapitalmarktrisiken	Höhere Renditechancen bei Verwendung des Geldes in der privaten Altersvorsorge
Steuerersparnis bei der Einzahlung	Rahmenbedingungen wie Rentenaltersgrenze und Rentensteigerungen können sich ändern
Rentenansprüche gehen au die Hinterbliebenen über (Witwenrente/Witwerrente)	Steuern und Sozialabgaben fallen an

Vor allem die Sicherheit spricht für freiwillige Einzahlungen in die Rentenkasse. Allerdings gibt es auch gute Argumente dagegen.

Auf der anderen Seite ist die Rendite natürlich überschaubar. Die Rentenversicherung selbst gibt sie auf Basis in einer Beispielrechnung mit „etwa drei Prozent" an.[59] Schaut man sich die Steigerung des Rentenwerts an, lag sie in den letzten 20 Jahren im Schnitt bei 3,55 Prozent. Da ist durchaus noch Luft nach oben. Ein weiterer Nachteil: Das einmal eingezahlte Geld ist „weg": Ich habe keinen Zugriff mehr darauf – selbst dann, wenn ich kurzfristig dringend Geld brauche. Da sind andere Investments flexibler. Um mögliche Alternativen wird es in den nächsten Kapiteln gehen.

59 Deutsche Rentenversicherung (Hrsg.): Rente: So wird sie berechnet. Broschüre zum Download, S. 24.

Mit Aktien und ETFs Vermögen für später aufbauen

Fassen wir nochmal kurz zusammen: Was haben wir in Sachen Rente bisher alles gelernt? In Kapitel eins haben wir uns angeschaut, wie die Rente berechnet wird. Das Prinzip ist: Du sammelst dein ganzes Arbeitsleben Entgeltpunkte. Je mehr du verdienst, desto mehr Entgeltpunkte bekommst du.[60] Die Punkte werden dann mit dem Rentenwert multipliziert. Die Höhe des Rentenwerts hängt von der Lohnentwicklung ab. Wenn die Löhne steigen, steigt auch der Rentenwert. Sprich: Es gibt mehr Rente.

Dann haben wir im zweiten Kapitel über die Probleme unseres Rentensystems gesprochen. Das Prinzip der Umlagefinanzierung, auf dem das System basiert, funktioniert nur, wenn es auch immer genügend Einzahler gibt. Denn unser Rentensystem ist eine große Umverteilungsmaschine: Beiträge werden eingesammelt und dann an die Rentner weiterverteilt. Nun ist es aber so, dass wir immer älter werden und wegen der niedrigen Geburtenrate zu wenig Einzahler nachkommen. Die Versorgung eines Rentners verteilt sich auf immer weniger Beitragszahler. Die Folge: Hinter der Finanzierbarkeit der Rente steht ein großes Fragezeichen. Mit immer höheren Zuschüssen versucht der Staat den Status quo zu erhalten. Aber klar ist, dass etwas geschehen muss. Entweder müssen die Beiträge steigen oder das Rentenniveau sinken. Auch mit dem Eintrittsalter muss eigentlich etwas geschehen, wenn wir immer älter werden.

Das waren jetzt sozusagen die theoretischen Grundlagen, die wir in den ersten beiden Kapiteln gelegt haben.

---

60 Zumindest bis zu einer Grenze. Es gibt eine Beitragsbemessungsgrenze, die jedes Jahr angepasst wird. Bis dahin gilt die Devise: mehr Einkommen, mehr Rente. Über der Grenze gibt es für weitere Einkommenssteigerungen nicht mehr Entgeltpunkte.

In Kapitel drei wurde es dann schon konkreter. Wir haben uns mit der Rentenlücke beschäftigt, also der Frage, wie viel Geld dir im Alter fehlen könnte. Der Antwort kannst du dich entweder über dein verfügbares Einkommen näheren oder indem du deine Ausgaben aufschreibst und sie hochrechnest. Dem Ergebnis stellst du dann deine zu erwarteten Renteneinnahmen gegenüber. Die Differenz sagt dir, wie viel Geld dir wohl im Alter zum Wunschlebensstil fehlt.

Erste Schritte, wie sich diese Lücke schließen lässt, haben wir uns eben in Kapitel vier angeschaut. Hier ging es um Möglichkeiten, die die Rentenversicherung bietet, als da wären die Kontrolle des Rentenbescheids, Nachzahlungen und der Kauf von Rentenpunkten.

Das war jetzt Teil eins des Buches.

In Teil zwei wollen wir uns anschauen, welche Möglichkeiten es noch gibt, um die Rente aufzubessern. Der Schwerpunkt wird dabei auf der Altersvorsorge über die Börse liegen – darum geht es in diesem Kapitel. Warum Börse? Nun, weil das aus meiner Sicht ein relativ einfacher Weg mit einem guten Chancen-Risiko-Verhältnis ist, um Vermögen aufzubauen. Börse ist nicht so riskant, wie viele denken. Wenn man es richtig anstellt, lässt sich das Risiko erheblich bis auf ein – man könnte fast sagen – „theoretisches Risiko" senken. Und trotzdem kannst du eine Rendite von durchschnittlich sieben Prozent erzielen. Wir werden später nochmal näher darauf eingehen, was das heißt. Nur schon mal so viel: Rund sieben Prozent Rendite reichen, damit sich dein Geld nach zehn Jahren verdoppelt (siehe Grafik S. 70).

Aber natürlich will ich dir noch andere Möglichkeiten aufzeigen wie Immobilien, betriebliche Altersvorsorge und die Rürup-Rente, die besser als ihr Ruf ist. Darum geht es in den nächsten Kapiteln. Hierfür habe ich befreundete Experten gefragt, die sich in den Themen besser auskennen als ich.

Los geht es jetzt also damit, wie dir die Börse bei der Altersvorsorge helfen kann. Hier wird es speziell um die Altersvorsorge mit ETFs und Dividendenaktien gehen. Doch bevor wir dazu kommen, möchte ich dir ein paar Grundprinzipien der Börse erklären und auf was du als Anleger achten musst.

Eine Kapitalverdopplung ist nicht illusorisch

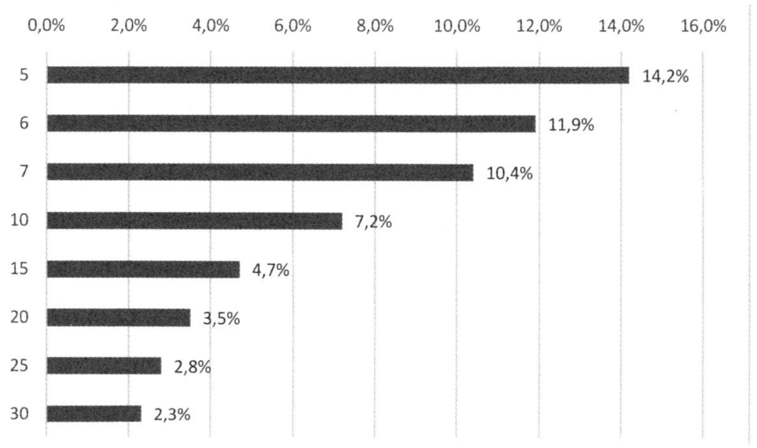

Je höher die Rendite, desto geringer die Zeit bis zur Kapitalverdopplung. Bei einer durchschnittlichen Rendite von rund sieben Prozent dauert es gut zehn Jahre, bis sich das eingesetzte Kapital verdoppelt hat. Quelle: eigene Berechnung

Was du über die Börse wissen musst

Über das Wesen der Börse könnte man ein eigenes Buch schreiben und hätte wahrscheinlich noch immer nicht alles gesagt. Die Börse ist auf der einen Seite wild und unberechenbar und auf der anderen Seite erstaunlich vorhersagbar. Ich habe hier versucht, dir mal ein paar wichtige Regeln und Prinzipien zusammenzufassen.[61]

1. An der Börse wird die Zukunft gehandelt

Viele wundern sich, warum die Kurse steigen, obwohl doch gerade die Lage schlecht ist. Die Wirtschaft läuft nicht, und trotzdem geht es an den Märkten aufwärts. Der Grund ist ganz einfach: Die Börse interessiert sich nicht für das Jetzt. Hier geht es darum, was sein wird. Sie schaut nach vorne, etwa sechs bis zwölf Monate. Wenn die Anleger glauben, dass es bald besser laufen wird als jetzt, steigen die Kurse.

61 Ausführlicher findest du das Wesen der Börse in meinen Büchern „Geldanlage war noch nie so einfach wie heute“ und „Goldene Regeln für die Börse“ beschrieben.

Wenn sie eher glauben, dass es schlechter wird, fallen sie. Was aktuell läuft, ist nicht so wichtig. An der Börse geht es um Erwartungen. Dann kann man zum Beispiel gut sehen, wenn Unternehmen ihre Geschäftszahlen veröffentlichen. Auch wenn sie einen Gewinnanstieg melden, kann es mit dem Aktienkurs nach unten gehen – aus dem einfachen Grund, dass die Anleger noch ein größeres Plus erwartet hatten. Umgekehrt kann der Kurs steigen, obwohl der Vorstand einen Verlust bekannt geben musste. Fiel das Minus aber kleiner aus als erwartet, sind die Anleger erleichtert und fassen wieder Hoffnung.

2. Die Börse ist irrational und übertreibt

Investieren an der Börse wirkt auf den ersten Blick immer sehr rational. Da gibt es Kennzahlen, die man analysieren kann. Investoren denken sich Strategien aus, die ihnen eine Überrendite bescheren sollen, und basteln Modelle, um den fairen Wert von Aktien zu berechnen. Computer stellen Simulationen an, um die Kursentwicklung prognostizieren zu können.

Und doch ist die Börsengeschichte voll von Übertreibungen nach oben wie nach unten. „Die Rolle der Psychologie im Börsengeschehen kann gar nicht überschätzt werden. Kurz- und mittelfristig macht sie 90 Prozent aus!", wusste schon der Spekulant und Buchautor André Kostolany, der die Börse mit vielen Bonmots wie diesem bereichert hat. Es gibt Phasen der Gier und der Panik. Manchmal scheinen die Anleger voller Begeisterung über all die Chancen, die die Zukunft bereithält. Kein Projekt scheint zu verwegen, um nicht noch zu investieren.

Aber es gibt auch das extreme Gegenteil. Statt den Chancen sehen die Investoren nur noch die Risiken und Gefahren. Es ist oft so, als würden die Märkte aus einem Traum erwachsen. Die Auslöser dafür können sehr unterschiedlich sein. Zinserhöhungen der Notenbanken, die Pleite eines Unternehmens, ein sogenannter externer Schock wie ein Terroranschlag – was die Stimmung kippen lässt, weiß man immer erst hinterher. Selbst gute Nachrichten finden dann keine Beachtung mehr. Die Kurse rauschen nach unten. Auch jetzt ist für Logik und Vernunft kein Platz.

Für dich als Anleger ist es wichtig, dich von solchen Stimmungen nicht anstecken zu lassen und auch deine eigenen Gefühle im Griff zu haben. „Meide die gefährlichen vier: Euphorie, Panik, Angst und Gier", hat es auch mal die leider inzwischen verstorbene „Börsen-Oma" Beate Sander schön auf den Punkt gebracht.

3. Timing ist unmöglich

Eine Frage, die mir häufig gestellt wird, ist: „Ist jetzt ein guter Zeitpunkt, um an der Börse einzusteigen?" Meine Antwort darauf lautet immer: „Der beste Zeitpunkt, wenn du langfristig anlegen willst, ist immer jetzt." Viele Anleger machen den Fehler und versuchen, den Markt zu timen. Sie warten auf den perfekten Zeitpunkt, um einzusteigen. Nur leider gibt es diesen perfekten Zeitpunkt nicht. Wenn die Kurse hochstehen, hat jeder Angst, dass sie bald fallen können. Wer will schon so dumm sein und auf dem Höchststand einsteigen? Wenn die Kurse dann gefallen sind, wird gewartet, ob sie nicht noch günstiger werden. Am Ende steht man die ganze Zeit an der Seitenlinie und schaut zu – entweder, wie sich die Kurse erholen („Nur eine Zwischenerholung, bevor es richtig runtergeht", sagt dann der Zögerer) oder wie sie immer weiter steigen („Lange kann das aber nicht mehr gutgehen!").

Deswegen sage ich immer, dass jeder Zeitpunkt gut zum Einstieg ist. Dann niemand kann vorhersagen, wo die Kurse morgen oder übermorgen stehen. Wer sich unsicher ist, soll einfach mit einer kleinen Summe beginnen. So hat er noch Reserven, falls es nach unten gehen sollte. Am einfachsten ist das Investieren über einen Sparplan. Hier legst du einmal fest, wie viel du jeden Monat investieren willst. Das aktuelle Börsengeschehen verliert dann an Bedeutung. Starke Schwankungen nivellieren sich über die Zeit. Selbst vor einem Crash muss du dann keine Angst haben, wenn du breit investiert und einen langen Anlagehorizont hat (was das heißt und warum das so ist – dazu später mehr!).

Geduld und Beständigkeit sind entscheidend für den langfristigen Erfolg an der Börse, nicht das schnelle Hin und Her. „Time in the market beats timing the market", lautet passend eine Börsenweisheit. Sie lässt sich auch empirisch belegen: Wer nur wenige Tage an der Börse verpasst, reduziert seine Rendite massiv.

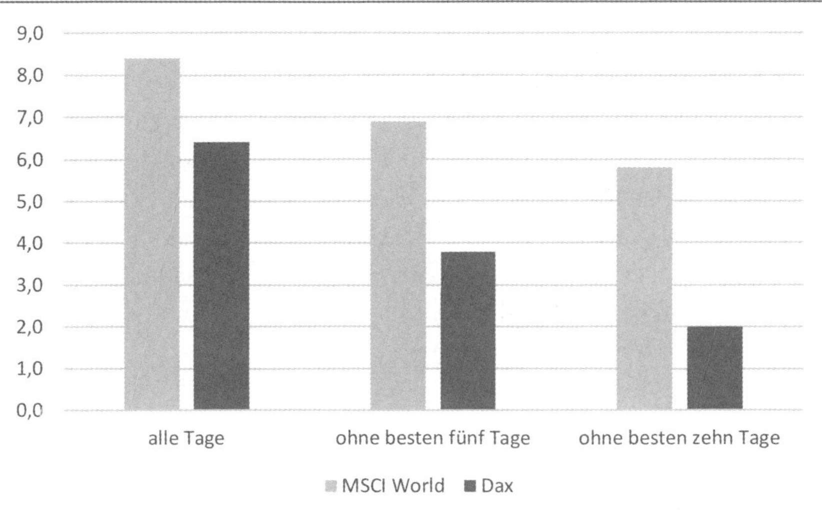

Es reicht eine Handvoll verpasster Tage, damit die Rendite deutlich sinkt. Deswegen sollte man nicht versuchen, durch Ein- und Ausstiege den Markt zu timen, sondern am besten immer breit gestreut investiert sein. Quelle: Stiftung Warentest; Anlagezeitraum 2002–2022

4. Wer sein Geld auf viele Aktien verteilt, kann fast nicht verlieren

Wie oft habe ich schon gehört: „Die Börse? Nein, das ist nichts für mich! Viel zu riskant." Das ist nicht ganz falsch. Wahrscheinlich kennst auch du jemanden, der an der Börse viel Geld verloren hat. Und wie oft ist in Zeitungen oder auf Internetseiten von Kursabstürzen und Börsencrashs die Rede. Ich kann jeden verstehen, der erst mal skeptisch ist, wenn es um Aktien geht.

Ja, mit einzelnen Unternehmen kann immer etwas passieren. Sie werden von Konkurrenten aus dem Markt gedrängt, machen Managementfehler, werden in Skandale verwickelt und können im schlimmsten Fall sogar pleitegehen. Auf ein einzelnes Unternehmen zu setzen, ist deshalb sehr riskant. Sehr beeindruckend finde ich in diesem Zusammenhang eine Untersuchung von JP Morgan. Die Experten der US-Investmentbank schauten sich die Entwicklung des Russel 3000 für die Jahre 1980 bis 2014 an. Der Index stieg in diesem Zeitraum um mehr als das Vierzigfache – und das, obwohl 40 Prozent der Aktien

„katastrophale Verluste“ erlitten, wie es die Experten nannten. Damit meinten sie, dass die Aktien von ihrem Höchststand 70 Prozent verloren und sich davon nicht wirklich wieder erholten.

Der Schlüssel zum Erfolg an der Börse lautet deswegen Diversifikation. Das heißt, dass man sein Geld über verschiedene Unternehmen aus unterschiedlichen Branchen verteilt. Je mehr Aktien du hast, desto kleiner wird das Einzeltitelrisiko. Wenn du in dutzende oder gar hunderte Aktien investiert hast und ein Unternehmen strauchelt und der Kurs fällt, ist das zwar unangenehm, wirft dich dann aber nicht mehr völlig aus der Bahn. Wie du gleich sehen wirst, in eine solch breite Streuung sehr einfach zu erreichen.

5. Investiere nur Geld, das du gerade nicht brauchst

Wer an der Börse investieren will, muss Zeit mitbringen. In der Fachsprache spricht man von einem „langen Anlagehorizont“. Damit ist gemeint, dass man seiner Anlage Zeit gibt. Man braucht das investierte Geld nicht nächstes Jahr, nicht nächsten Monat und schon gar nicht morgen. Der Grund: Schwankungen gehören zur Börse dazu. Es geht rauf und runter und leider kann es auch mal für viele Jahre runtergehen. Wer dann verkaufen muss, weil er das Geld braucht, erleidet unter Umständen hohe Verluste. Besser, man kann diese Kurstäler aussitzen und auf Reserven zurückgreifen, wenn man Geld braucht. Deshalb ist es unbedingt wichtig, dass du dir zuerst eine Rücklage ansparst, bevor du mit dem Investieren an der Börse beginnst. Die Faustregel ist eine Reserve von circa drei bis vier Monatsgehältern. Dann kannst du warten, bis sich die Kurse nach einem Rückschlag wieder erholen. Mit einem breit gestreuten Portfolio kannst du in solchen Phasen entspannt bleiben. Denn die Vergangenheit hat gezeigt, dass über kurz oder lang die Börse noch jeden Einbruch ausgeglichen hat.

So baust du dir ein sicheres Depot fürs Alter

Nach dieser Einführung in die Börse, lass uns den nächsten Schritt machen: Wie sieht dein Depot[62] für die Altersvorsorge aus? Ein bisschen habe ich ja eben schon angedeutet, was für den Erfolg an der Börse wichtig ist: Diversifikation, also eine möglichst breite Streuung. Es wird dich also nicht überraschen, dass die Antwort auf die Frage nach dem richtigen Depot ein breit streuender ETF beziehungsweise eine Kombination verschiedenen ETFs sein wird, um möglichst den kompletten Aktienmarkt abzudecken. Denn was ist eine größere Streuung, als praktisch jedes größere börsennotierte Unternehmen im Depot zu haben? Wir könnten also diesen Teil relativ kurz halten, ein paar Namen, ein paar ISIN, fertig.[63]

Aber das will ich nicht. Ich will, dass du die Idee hinter dem Konzept verstehst. Denn es werden schwierige Phasen kommen und nur, wenn du das Konzept verstanden hast, wirst du in solchen Phasen nicht die Nerven verlieren, sondern entspannt bleiben.

Falls du wenig Börsenerfahrung hast, hier erst mal eine kurze Erklärung zu ETFs. Du hast bestimmt die Abkürzung schon oft gelesen oder gehört, dich aber vielleicht immer gefragt, was es damit auf sich hat. Nun: ETFs sind eine sehr einfache und vor allem kostengünstige Art, mit einem Schlag in eine Vielzahl von Aktien zu investieren. Der Grund: ETFs bilden einen Index ab. Ein Index fasst eine Gruppe von Unternehmen nach bestimmten Kriterien zusammen. Es gibt fast zu jedem Land und jedem Thema einen passenden Index. Spezielle Indexanbieter kümmern sich darum (und kassieren im Gegenzug Gebühren,

---

62 Falls du dich jetzt fragst, was ein Depot ist, wofür man es braucht und wo man es herbekommt: Im Anhang findest du eine ausführliche Erklärung. Du kannst sie dir ruhig später durchlesen. An dieser Stelle musst du nur so viel wissen, dass du ein Depot (oder Portfolio, die beiden Wörter verwende ich synonym) zum Kauf und Verkauf von Aktien und zu ihrer Aufbewahrung brauchst. Es wie ein Konto, nur für Aktien.

63 Ich will dich natürlich nicht quälen und ich weiß, wie doof es ist, wenn man den Eindruck hat, etwas wird verschwiegen. Deswegen hier schon mal ein Sprung ans Ende: Meine Ausführungen laufen auf Welt-ETFs wie den MSCI World oder den MSCI All Country World hinaus. Außerdem werde ich dir noch eine Alternative aus regionalen ETFs präsentieren. Lies aber trotzdem bitte den Rest des Kapitels, damit du den Hintergrund für die Empfehlung verstehst.

wenn ein ETF auf den Index aufgelegt wird). Der Deutsche Aktienindex, der Dax, fasst zum Beispiel die Entwicklung der größten börsennotierten Unternehmen in Deutschland zusammen. Es gibt aber auch Themenindizes. Hier kommen zum Beispiel nur Unternehmen aus dem Bereich erneuerbarer Energien oder Elektromobilität hinein.

In einem ETF auf diesen Index sind die gleichen Aktien vertreten. Mit einem ETF auf den Dax investierst du also auf einen Schlag in 40 Unternehmen. Das heißt, im Unterschied zu einem aktiv gemanagten Fonds wählt hier niemand die aussichtsreichsten Titel aus. Deswegen sind die Gebühren von ETFs so niedrig. Der ETF verhält sich dabei genauso wie der zugrundeliegende Index: Steigt der Index um ein Prozent, gewinnt auch der ETF ein Prozent. Umgekehrt gilt aber das Gleiche: Fällt der Index um ein Prozent, verliert der ETFs genauso viel. Viele Untersuchungen haben gezeigt, dass aktiv gemanagte Fonds oft nicht besser oder sogar schlechter abschneiden als der Index, an dem sie sich messen lassen – obwohl ein Experte nach den besten Aktien Ausschau hält und seine Anlagestrategie anpassen kann. Deswegen sind ETFs zu einer sehr beliebten Anlageform geworden.

Also: Lass uns über das Konzept reden. Warum bin ich ein Fan von breit gestreuten ETFs? Warum behaupte ich, dass dir bei dieser Anlagestrategie praktisch nichts passieren kann?

Zuerst einmal ist dafür wichtig, dass du den Begriff „Risiko" in diesem Zusammenhang richtig einordnest. Ich hatte das ja vorhin schon mal ein bisschen angerissen, weil viele Leute sagen, dass die Börse riskant und Zockerei ist. Aber was heißt eigentlich riskant? Mir gefällt da eine Definition gut, die ich bei Gerd Kommer – Vermögensverwalter und ein großer Börsen-Erklärer – gelesen habe: „Risiko ist die Möglichkeit, dass Sie an einem bestimmten Zeitpunkt weniger liquide Geldmittel zur Verfügung haben, als Sie es bei Ihrer ursprünglichen Investitionsentscheidung erwarteten (planten)."[64]

Der Satz gefällt mir wahnsinnig gut, weil er so vielschichtig ist. Gerd Kommer sagt nicht einfach nur: „Risiko ist, wenn man Geld verliert." Das wäre ein bisschen simpel. Stattdessen bringt er eine zeitliche

64 Kommer, Gerd: Souverän investieren vor und im Ruhestand. Mit ETFs Ihren Lebensstandard und Ihre Vermögensziele sichern. 2016, S. 31.

Dimension mit rein. Und wenn man mal ein bisschen darüber nachdenkt, stimmt das auch. Was stört es mich, wenn mein Depot im Minus ist, wenn ich doch nicht verkaufen wollte? Genau, überhaupt nicht. Es fühlt sich vielleicht ein bisschen doof an, ja. Aber wenn man mal rational darüber nachdenkt, ist es eigentlich egal. Kritisch wird es erst, wenn ich das Geld tatsächlich benötige. Wenn ich dann im Minus bin, ist es schlecht. Es kommt also auf den Anlagehorizont an. Das heißt, wir müssen unterscheiden zwischen kurzfristigen und langfristigen Risiken.

Was kurzfristige Risiken angeht, bin ich bei allen, die sagen: „Die Börse ist mir zu gefährlich.“ Denn die Kurse schwanken jeden Tag, manchmal durchaus heftig um mehrere Prozent. Keiner weiß, wo der Kurs morgen steht. Nur weil es einen Tag bergauf ging, heißt das nicht, dass der Anstieg auch am nächsten Tag weitergeht. Es kann weiter hochgehen, der Kurs kann aber auch fallen. „Das Wissen um die gestrige Performance sagt nichts über die heute Entwicklung aus“, wie es der Mannheimer Finanz-Professor Martin Weber auf den Punkt bringt.[65] Die Bewegung der Börsenkurse lasse sich am besten mit einem Zufallsprozess beschreiben mit einer Tendenz nach oben.

Bei den langfristigen Risiken sieht es aber anders aus. Die Börsengeschichte ist eine Geschichte von immer neuen Höchstständen. Jeder Crash war nur ein Schlagloch – mal mehr, mal weniger tief – auf dem Weg zu einem Rekordstand. Tatsächlich lässt sich zeigen, dass es in der Vergangenheit maximal 13 Jahre dauerte, bis jedes Minus ausgeglichen war. Das heißt: Wer am Tag vor dem Crash eingestiegen war und dann eine jahrelange Talfahrt mitmachte, bekam am Ende sein Geld zurück – wenn er lange genug warten konnte. Wenn man es so betrachtet, ist die Börse also gar nicht riskant, sondern eigentlich eine relativ sichere Sache.

Hierfür gibt es aber eine wichtige Nebenbedingung. Du musst breit gestreut investiert sein. An der Börse muss man nämlich nicht nur zwischen kurzfristigen und langfristigen Risiken unterscheiden, sondern auch zwischen dem Einzeltitelrisiko und dem Marktrisiko. Das Marktrisiko muss ich als Anleger hinnehmen. Hiermit sind die

---

65 Weber, Martin: Die genial einfache Vermögensstrategie. So gelingt die finanzielle Unabhängigkeit. 2020, S. 68.

Schwankungen des gesamten Marktes gemeint. Es gibt immer wieder Phasen, wo einfach alles fällt – mehr oder weniger stark und mehr oder weniger lang. Was so einen Abschwung an den Märkten auslöst, ist immer schwer vorherzusagen. Es kann eine weltweite Pandemie sein wie beim Corona-Crash 2020, die Pleite eines Hedgefonds, wie es bei den Turbulenzen rund um LTCM im Jahr 1998 der Fall war, oder das Platzen einer Blase wie die Dotcom-Blase im Jahr 2000. Diesem Marktrisiko kann ich nicht entgehen. Dafür werde ich aber auch mit einer Rendite entschädigt, die deutlich über dem (sicheren) Sparbuch liegt.

Gegen das Einzeltitelrisiko kann ich aber etwas tun. Hiermit ist gemeint, dass mit einzelnen Unternehmen immer etwas passieren kann. Ich hatte ja vorhin schon auf die Untersuchung von JP Morgan verwiesen. Um hier nochmal ein anderes Beispiel zu nennen: Der Vermögensverwalter Flossbach von Storch hat sich für eine Studie[66] einmal den deutschen Aktienmarkt angeschaut. Die Autoren untersuchten darin für alle Aktien deutscher Unternehmen, die im Zeitraum von Januar 2003 bis Dezember 2020 öffentlich im Prime Standard oder General Standard an der deutschen Börse notierten, die Entwicklung. Das waren insgesamt 990 Aktien. Das Interessante: Nur rund 270 Aktien waren im gesamten Zeitraum dabei. Das ist nur jedes vierte Unternehmen! Alle anderen Firmen gingen pleite, wurden aufgekauft oder verschwanden auf welche Weise auch immer von der Börse.

Die Studie veranschaulicht nochmal sehr gut: Auf einzelne Aktien zu setzen, ist riskant und es ist ein Irrglaube, dass man nur gut genug recherchieren muss, um die wahren Perlen zu finden. Natürlich kann man mal einen Treffer landen, das ist aber mehr Glück als Können. Schön hat es mal der Portfolio-Manager Andreas Beck beschrieben: „Eigenkapital einem einzelnen Unternehmen zur Verfügung zu stellen (der Kauf einer Aktie), ist eher eine Wette als eine Investition. Die Wette lautet, dass der aktuelle Aktienkurs an der Börse zu niedrig ist, das Unternehmen in Wirklichkeit viel wertvoller. Sorry, aber vergiss es.

---

66 Immenkötter, Philipp: Das Risiko der einzelnen Aktien. Flossbachvonstorch-researchinstitute.com, 3.3.2021 (https://www.flossbachvonstorch-researchinstitute.com/de/studien/das-risiko-der-einzelnen-aktie/, aufgerufen am 19.9.2021).

In normalen Marktphasen beobachten tausende promovierter Mathematiker und Physiker in Frankfurt, London, New York, Tokio mit Spezialrechnern 24 h den Markt auf der Suche nach Fehlbewertungen. Wenn sie eine gefunden haben, kaufen sie, wodurch die Fehlbewertung in Sekunden verschwindet. Es ist Größenwahn zu glauben, dass man dieses Spiel dauerhaft aus seinem Wohnzimmer heraus als Trader gewinnen kann."[67]

Was ich aber tun kann, ist, mein Risiko zu senken: Setze ich auf eine Aktie und es passiert etwas, ist mein ganzes Geld weg. Habe ich zwei Aktien im Depot, verliere ich die Hälfte, bei drei Aktien ein Drittel usw. Je mehr Aktien ich also habe, desto kleiner wird mein Risiko und es bleibt das Marktrisiko übrig, um das ich nicht drumherum komme. Das Schicksal des einzelnen Unternehmens fällt irgendwann nicht mehr ins Gewicht.

Breit streuen senkt das Risiko

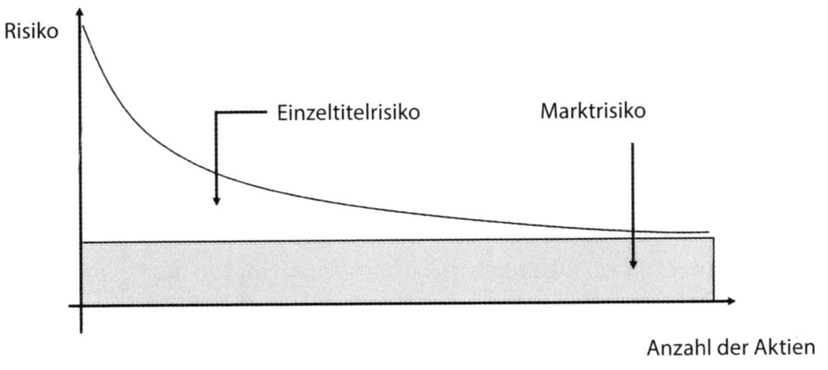

An der Börse lassen sich zwei Arten von Risiken unterscheiden. Das Einzeltitelrisiko kannst du durch die Zahl der Aktien senken, das Marktrisiko musst du tragen.

Wir können uns dem Thema der maximalen Streuung über möglichst viele Länder, Branchen und Unternehmen auch von einer anderen Seite nähren, weniger mathematisch-empirisch, sondern mehr ökonomisch.

---

67 Beck, Andreas: Erfolgreich wissenschaftlich investieren. Wer vor Krisen Angst hat, hat's nicht verstanden. 2022, S. 41.

Wenn ich versuche, praktisch den gesamten Welt-Aktienmarkt in meinem Depot abzubilden – was mit den entsprechenden ETFs ohne weiteres möglich ist – dann investiere ich nicht mehr in einzelne Unternehmen, Branchen oder Länder, sondern dann investiere ich in die gesamte Weltwirtschaft. Das heißt, ich profitiere von der gewaltigen Dynamik, die in unserem kapitalistischen System steckt. „Betrachtet man unsere kapitalistische Wirtschaftsordnung, so ist deren Brutalität bemerkenswert. Unternehmen, die keine hohen Eigenkapitalrenditen erzielen, wird die Daseinsberechtigung abgesprochen. Es reicht nicht, schwarze Zahlen zu schreiben; es geht je nach Branche um erwartete Eigenkapitalrenditen von bis zu 20 Prozent. Werden diese nicht erreicht, so wird das Unternehmen zerschlagen oder es werden Sparmaßnahmen mit Entlassungen beschlossen.“[68]

Diese Dynamik hole ich mir ins Depot, wenn ich in die Welt-AG investiere. Ich wette dann nicht mehr auf einzelne Unternehmen, sondern auf die Weltwirtschaft und darauf, dass die Marktwirtschaft auch in der langfristigen Zukunft auf globalem Niveau weiterhin für Wirtschaftswachstum, Wohlstand und Fortschritt produzieren wird.

Die Renditechancen sind verbunden mit einer hohen Sicherheit. „Die Weltwirtschaft kann nicht pleitegehen“, wie es Gerd Kommer einmal Im Gespräch mit mir sagte. Es besteht also kein Ausfallrisiko. Unternehmen verschwinden, Branchen verschwinden, ja sogar Länder verschwinden. Die Weltwirtschaft als solches bleibt aber bestehen. Mit den entsprechenden ETFs mache ich diese Veränderungen mit. Denn sie werden regelmäßig angepasst. Die schwachen Unternehmen fliegen raus, dafür rücken andere mit besseren Aussichten nach.

Das heißt natürlich nicht, dass es nicht auch mal runtergehen kann. Die Weltwirtschaft unterliegt zwar keinem konkreten Ausfallrisiko. Trotzdem kann es Krisen geben. Aber das ist – wenn man einen langen Anlagehorizont hat – nicht weiter tragisch. Andreas Beck beschreibt es in seinem Buch sehr schön: „Betrachtet man ein einzelnes Unternehmen, so ist dieses in der Krise tatsächlich von der Insolvenz bedroht. Der Markt verändert sich in der Krise: Es überleben

---

68 Beck (2022), S. 39.

nur Unternehmen, die sich den neuen Anforderungen anpassen können. Betrachtet man hingegen die Weltwirtschaft (im Sinne der Welt AG, also die ca. 8.000 liquiden börsennotierten Unternehmen auf der Welt), dann finden wir eine andere Situation vor. Für die Weltwirtschaft bedeutet eine Krise einen Anpassungsprozess. Dieser kann schmerzhaft sein, er kann sich auch über viele Monate erstrecken. Am Ende dieses Prozesses wird die Weltwirtschaft sich verändert haben. Einige Unternehmen wird es nicht mehr geben, andere werden hinzukommen. Wertschöpfungsketten werden sich verändert haben. Das Muster der Krise ist immer ähnlich, nicht jedoch die konkreten Ereignisse und Resultate. Man kann vorhersagen, dass es am Ende eine angepasste Welt AG gibt; man kann nicht vorhersagen, wie diese neue Welt AG im Detail aussieht.“[69]

Wir haben es hier also mit einem neuen Verständnis von Risiko und Sicherheit zu tun. Es geht nicht darum, Risiken um jeden Preis zu vermeiden, sondern sie anzunehmen und mich so aufzustellen, dass sie mir nicht dauerhaft schaden.

Was aber heißt das jetzt konkret für deine Geldanlage? Wie holst du dir diese Welt-AG ins Depot? Es gibt darauf eine einfache und eine etwas schwierige Antwort. Fangen wir mit der einfachen an.

Den Welt-Aktienmarkt abzubilden, ist tatsächlich leichter, als man vielleicht denken könnte. Denn es gibt sogenannte Welt-Indizes. Mit ihnen kannst du auf einen Schlag in 1.500 Unternehmen und mehr investieren – je nachdem, was du als Basisindex wählst.

- Der bekannteste dieser Indizes ist der MSCI World. Er umfasst rund 1.500 Aktien aus 23 Ländern. Die Schwellenländer wie China oder Indien sind allerdings nichts dabei.
- Der MSCI World lässt also einen wichtigen Teil der Welt aus. Deswegen bevorzuge ich den MSCI All Country World Index (MSCI ACWI). Hier sind die Schwellenländer dabei. Das heißt im Ergebnis, der Index umfasst rund 2.700 Unternehmen aus 47 Ländern.

---

69 Andreas Beck (2022), S. 57.

- Der dritte Index in der Runde ist der FTSE[70] All World. Er ist sogar noch breiter als MSCI ACWI. In dem Index sind rund 4.000 Unternehmen aus 49 Ländern vertreten. Aus welchen Gründen auch immer ist FTSE All World in der Öffentlichkeit eher unbekannt. Dabei ist er auch ein guter Index.

Die drei Welt-Indizes im Vergleich

	MSCI World	MSCI ACWI	FTSE All World
Zahl der Firmen	1510	2947	4291
Zahl der Länder	23	47	49
Top-10-Positionen (Anteil)	Apple (4,94%) Microsoft (4,09%) Amazon (2,15%) Nvidia (1,94%) Alphabet A (1,43%) Tesla (1,31%) Alphabet C (1,28%) Meta (1,22%) Exxon Mobil (0,87%) United Health (0,86%)	Apple (4,41%) Microsoft (3,65%) Amazon (1,92%) Nvidia (1,76%) Alphabet A (1,27%) Tesla (1,17%) Alphabet C (1,14%) Meta (1,09%) Exxon Mobil (0,78%) United Health (0,77%)	Apple (4,15%) Microsoft (3,81%) Amazon (1,86%) Nvidia (1,68%) Alphabet A (1,26%) Tesla (1,12%) Alphabet C (1,09%) Meta (1,08%) Exxon Mobil (0,76%) United Health (0,76%)
Gewicht Branchen (Top 3)	IT (21,72%) Finanzen (14,98%) Gesundheit (12,83%)	IT (21,56%) Finanzen (15,75%) Gesundheit (11,87%)	IT (20,82%) Gesundheit (12,47%) Industriegüter (11,34%)
Gewicht Länder	USA (69,7%) Japan (6,21%) Großbritannien (4,15%) Frankreich (3,26%) Kanada (3,2%) Rest (13,47%)	USA (62,25%) Japan (5,55%) Großbritannien (3,71%) China (3,21%) Frankreich (2,92%) Rest (22,37%)	USA (60,61%) Japan (6,39%) Großbritannien (3,91%) China (3,28%) Frankreich (2,83%) Rest (22,98%)

Mit einem ETF lässt sich auf einen Schlag in eine große Zahl von Aktien investieren. Die drei Welt-Indizes unterscheiden sich in Kleinigkeiten. Quelle: MSCI, Vanguard; Stand: 10/2023

Ich persönlich finde es sinnvoll, gemäß des Welt-AG-Konzepts, den MSCI ACWI noch um den MSCI World Small Cap (Anteil: bis zu 30 Prozent) zu ergänzen.[71] Denn dann investierst du noch einmal in

70 ausgesprochen „Futsie“

71 Eine Kombination des FTSE All World mit dem MSCI Small Cap ist eher nicht ratsam, da die beiden ETFs nicht klar abgegrenzt sind. Es kann daher Dopplungen geben. Einen Index für kleine Werte gibt es jedoch von FTSE bisher nicht.

knapp 4.000 Unternehmen. Das heißt, in deinem Depot befinden sich dann insgesamt rund 7.000 Aktien. Das ist schon ziemlich nah an der Gesamtzahl gut investierbarer Unternehmen, die mit rund 8.000 angegeben wird. Es gibt natürlich noch viel mehr Aktien, aber irgendwann ist der Börsenwert so gering, dass ein Investment schwierig wird.

In der Praxis lässt sich jedoch kein klarer Vorteil zeigen, ob man jetzt die kleinen Werte mit ins Depot nimmt oder nicht. Berechnungen der Stiftung Warentest kamen zu keinem eindeutigen Ergebnis: Eine Beimischung des MSCI Small Caps zum MSCI World sorgte in einem langfristigen Untersuchungszeitraum (2002 bis 2022) für eine besser Perfomance des Depots. Die vergangenen zehn Jahre drückte der Index der kleinen Werte jedoch etwas auf die Rendite eines solchen Mischdepots. Der MSCI World alleine performte in diesem Zeitraum besser.

Wenn du dich auf die Suche nach passenden ETFs auf diese Indizes machst, kann es vielleicht etwas verwirrend werden. Denn du wirst schnell feststellen, dass es verschiedene ETFs auf die MSCI-Indizes gibt.[72] Anbieter wie iShares, Xtrackers oder Lyxor haben entsprechende ETFs aufgelegt. „Welcher ist dann da jetzt der richtige?“, fragst du dich dann vielleicht. Die gute Nachricht: Im Prinzip nehmen sie sich nicht viel. Die ETFs unterscheiden sich etwas in den Gebühren und im Volumen. Aber sie machen alle das Gleiche, nämlich den Index mit hoher Genauigkeit abbilden. Auf Seiten wie justetf.de kannst du gut die verschiedenen ETFs vergleichen. Bei Volumen gilt: je größer, desto besser. Und bei den Gebühren kannst du natürlich nach den niedrigsten schauen. Die gute Nachricht ist: Dein Geld ist bei allen Anbietern sicher. Denn ETFs zählen zum sogenannten Sondervermögen. Das heißt, dass dein Investment nicht Teil der Insolvenzmasse ist, wenn der Anbieter pleitegehen sollte.

Einen Unterschied gibt es jedoch, der wichtig ist und auf den du achten solltest. Es geht um den Unterschied zwischen ausschüttend und thesaurierend. Hiermit ist gemeint, wie die Dividenden verwendet werden.[73] Ausschüttende ETFs zahlen das Geld aus, das heißt, es

72 Beim FSTE All World gibt es mit Vanguard nur einen ETF-Anbieter.

73 Mehr zu Dividenden erfährst du ab Seite 91.

fließt auf das Konto des ETF-Besitzers. Thesaurierende ETFs reinvestieren die Dividenden wieder. Es wird wieder in den ETF angelegt. Die Summe, die sich an der Börse vermehren kann, steigt also. So nett es ist, immer wieder ein bisschen Geld aufs Konto zu bekommen: Für den langfristigen Vermögensaufbau sind thesaurierende ETFs besser. Du solltest sie für deine Altersvorsorge auswählen.

Die Welt-Indizes, die ich dir genannt habe, haben allerdings einen großen Nachteil: Sie haben mit den realen Verhältnissen in der Weltwirtschaft wenig zu tun. In den Indizes befinden sich die Unternehmen mit der größten Marktkapitalisierung. Die Indizes bilden also die Verhältnisse auf dem Weltaktienmarkt ab. Deswegen werden diese Indizes gerade von den USA und Tech-Werten dominiert, weil amerikanische Tech-Konzerne momentan besonders wertvoll sind (siehe Tabelle S. 82).

Profis wie Gerd Kommer, Martin Weber oder Andreas Beck, die für Kunden oder in ihren Fonds nach dem Konzept der Welt-AG anlegen, wählen deswegen einen etwas anderen Ansatz. Sie investieren in regionale ETFs. So können sie die wahren Verhältnisse in der Weltwirtschaft besser abbilden und vermeiden die Ungleichgewichte der Welt-Indizes. Das heißt konkret: Sie gewichten die Regionen-ETFs im Depot angelehnt an den Anteil dieser Regionen am Welt-Bruttoinlandsprodukts.

Gerd Kommer zum Beispiel hat folgende vier Regionen definiert:[74]

- Nordamerika: 31 Prozent
- Europa: 31 Prozent
- Asien-Pazifik: 8 Prozent
- Schwellenländer: 30 Prozent

Hier habe ich als Beispiel passende Indizes für diese Regionen herausgesucht. Sie stammen alle von MSCI, da es sinnvoll ist, in einer Index-Familie zu bleiben. So ist sichergestellt, dass es keine Überschneidungen gibt. Dahinter habe ich mögliche ETFs auf diese Indizes geschrieben.

---

74 Kommer, Gerd: Whitepaper. Investmentphilosophie von Gerd Kommer Capital. März 2022, S. 9.

Bis auf den MSCI Asia kannst du eigentlich aus einem breiten Angebot wählen. Beim MSCI Asia ist das Angebot aber ziemlich dünn. Die meisten ETFs auf diese Region haben Japan nicht mit dabei.

- MSCI North America (zum Beispiel von iShares, ISIN: IE00B14X4M10)
- MSCI Europe (zum Beispiel von HSBC, ISIN: LU0274209237)
- MSCI Asia (zum Beispiel von Amundi, ISIN: LU2572257397)
- MSCI Emerging Markets (zum Beispiel von Amundi, ISIN: LU1681045370)

Auf diese Weise ist das Depot etwas ausgewogener und stabiler. Denn weil der MSCI World nach Börsenwert gewichtet, gewinnen natürlich die Unternehmen einen immer größeren Anteil, die gerade gut laufen. Durch die Kappung im Regionen-Ansatz wird diese Entwicklung etwas abgeschwächt. Das begrenzt etwas das Verlustrisiko. Denn wenn mit diesen hochgewichteten Unternehmen etwas passiert, ist ihr Anteil im Regionen-Depot geringer als in einem reinen MSCI-World-Depot. Und auch das Länder-Risiko wird gesenkt. „Wer sein Depot ‚ultrastabil‘ machen will, der denkt auch an Schwarze-Schwan-Risiken, die vielleicht nur alle 20 bis 40 Jahre auftreten und die nicht kalkuliert oder prognostiziert werden können“, erklärt Gerd Kommer. „Eines dieser ‚Tail Risks‘ besteht darin, dass ein Land mit einem besonders großen Aktienmarkt aus eigenem innerem Versagen oder aus äußeren Gründen in eine plötzliche oder allmähliche Malaise gerät, die die anderen 194 Staaten der Erde nicht in gleicher Weise trifft.“[75] Kein Land sei davon grundsätzlich ausgenommen, auch nicht die USA.

Ein weiteres Argument für den Regionen-Ansatz ist die Chance auf eine bessere Kursentwicklung. Zumindest auf lange Sicht führte eine BIP-Gewichtung in der Vergangenheit gegenüber einer Marktkapitalisierungsgewichtung zu einer leichten Outperformance.

---

75 Kommer, Gerd: Gewichtung in einem passiven Aktienportfolio – Nach Marktkapitalisierung oder nach BIP? Blogbeitrag vom 04.08.2023 (https://gerd-kommer.de/marktkapitalisierung-vs-bip/).

Mit der BIP-Gewichtung etwas mehr Rendite

	MSCI World GDP Weighted – Gewichtung nach BIP	MSCI World – Gewichtung nach Markt-kapitalisierung
01/1970 bis 06/2023 (53,5 J.)	5,6% p.a.	5,4% p.a.
01/1970 bis 12/1996 (27 J.)	6,8% p.a.	6,0% p.a.
01/1997 bis 04/2023 (26,5 J.)	4,5% p.a.	4,8% p.a.

Der Vergleich zeigt: Langfristig schneidet der nach Marktkapitalisierung gewichtete MSCI World etwas schlechter ab. In den letzten Jahren performte er aber besser. Quelle: Gerd Kommer

Allerdings ist auch zu bedenken, dass dieser Ansatz etwas aufwendiger ist. Nicht nur musst du dein Geld im richtigen Verhältnis auf die verschiedenen ETFs verteilen (den in der Tabelle verwendeten MSCI World GDP Weighed gibt es leider nicht als ETF). Du musst auch regelmäßig ein sogenanntes Rebalancing durchführen, um die ursprüngliche Gewichtung im Depot wiederherzustellen.[76] Denn einer der ETFs kann stärker an Wert gewinnen, als der Anteil der Region am BIP steigt. Dann stimmt natürlich das Verhältnis nicht mehr. Das heißt, du musst entweder etwas von diesem ETF verkaufen oder die Zahlungen in die anderen ETFs erhöhen, bis die Gewichtungen wieder stimmen.[77] Die Entscheidung, ob diese Aussicht den Aufwand ausgleicht, überlasse ich dir. Mir wäre die Hoffnung auf eine „leichte Outperfomance“ zu wenig.

Zwei Dinge sind dann noch wichtig: Auch wenn du es vielleicht vom Kopf her versteht, dass dir mit so einem Depot auf lange Sicht eigentlich nichts passieren kann, heißt das nicht, dass du dich damit auch in Krisenzeiten wohlfühlst, wenn es mal richtig nach unten geht und der Wert deines Depots zusammenschmilzt. Nur mal so als Beispiel, was

---

76 Zum Thema Rebalancing empfehle ich diesen Beitrag von Gerd Kommer: https://gerd-kommer.de/rebalancing/.

77 Allerdings gibt es auch „fertige Konzepte“ am Markt, wenn du dir die Arbeit nicht machen willst. Andreas Beck bietet mit dem Global Portfolio One einen entsprechenden Fonds an, der auch Anleihen als Investitionsreserve mitberücksichtigt. Von Martin Weber gibt es den Arero-Fonds mit Aktien, Anleihen und Rohstoffen. Gerd Kommer schließlich hat einen ETF aufgelegt, der nach seinen Prinzipien investiert.

es schon gegeben hat: In der Finanzkrise 2007 verlor der MSCI World über 50 Prozent. Auf einmal ist die Hälfte des Geldes weg! Es dauerte fünf Jahre, bis die Verluste wieder aufgeholt waren. Das muss man nervlich erst mal aushalten. Keine Geldanlage ist es wert, dass man nachts nicht schlafen kann. Und natürlich soll auch der Partner oder die Partnerin, wenn du euer gemeinsames Geld anlegst, mit der Strategie klarkommen. Auch hier ist es keine Rendite wert, dass man sich ständig streitet, nach dem Motto: „Du hast unser ganzes Geld verzockt. Hättest du mal auf mich gehört!"

Deshalb ist es wichtig, dass du gut für dich überlegst, wie viel Geld du den Schwankungen der Börse aussetzt. Etwas technischer ausgedrückt: Es geht hier um die Aktienquote. Damit ist gemeint, welchen Anteil deines Geldes du an der Börse investierst und welchen Anteil du lieber auf dem sicheren Tagesgeldkonto liegen lässt.

Ein paar Fragen können dir bei der Entscheidung helfen:

1. Welche Renditeerwartungen hast du? Je mehr Rendite du anstrebst, desto höher muss dein Aktienanteil sein. Um dir einen kleinen Anhaltspunkt zu geben: Um den Wert deines Vermögens zu erhalten, müsstest du mindestens eine Rendite in Höhe der Inflation erzielen, eher sogar noch mehr, weil du noch die Kosten und Steuern berücksichtigen müsstest. Mit einer Quote von 100 Prozent kommst du bei einem breit gestreuten Depot statistisch auf eine Durchschnittsrendite von etwa sieben Prozent pro Jahr. Entsprechend groß sind aber auch die Schwankungen und zwischenzeitlichen Verluste, die du aushalten musst (siehe Tabelle).
2. Wie lange möchtest du dein Geld anlegen? Wie schon gesagt brauchst du bei Aktien einen langen Anlagehorizont, weil die Kurse kurzfristig stark schwanken und du auch mal heftige Rückschläge aussitzen können musst. Das heißt, je mehr Zeit noch bis zur Rente ist, desto größer kann dein Aktienanteil sein.
3. Wie gut sind deine Nerven? Schwankungen und alle paar Jahre auch mal ein richtiger Crash gehören leider zur Börse dazu. Für dieses Risiko wirst du als Anleger oder Anlegerin jedoch auch

mit einer Rendite belohnt. Rendite und Risiko gehören zusammen, denn die Rendite ist die Belohnung für das Eingehen von Risiken. Allerdings musst du diese Schwankungen auch aushalten können und darfst nicht die Nerven verlieren. Wenn du daran zweifelst, ist wahrscheinlich eine geringere Quote sinnvoll.

Je nachdem, welche Aktienquote du für dich wählst, hat es natürlich Einfluss auf die Schwankungen in deinem Depot, die Höhe der (zwischenzeitlichen Verluste) und die Rendite. In der Tabelle kannst du sehen, wie sich die Werte für vier verschiedene Aktienquoten von 30 bis 100 Prozent in der Vergangenheit verändert haben.

Das richtige Risikomaß finden

	Aktienquote (in %)			
	30	50	70	100
schlimmste Jahresrendite (in %)	-11	-21	-30	-39
Maximaler Verlust (in %)	-19	-32	-44	-56
Längste Verlustphase (Jahre)	13,4	12,6	13,0	13,4
Rendite	**2,0**	**3,9**	**5,7**	**7,0**

Verlustphasen gehören zur Börse dazu. Immer wieder kann es heftig runtergehen. Die Tabelle gibt einen Eindruck davon, was passieren kann. Über die Aktienquote kannst du aber steuern, wie sehr dich Verluste treffen und wie viel du ertragen willst. Allerdings geht eine niedrige Quote zulasten der Rendite. Quelle: Stiftung Warentest, Zeitraum von 30 Jahren

Wenn du dir mit der Aktienquote unsicher bist, dann fang erst mal klein an und hör in dich hinein. Du musst dich ja nicht direkt für ein für alle Mal festlegen. Also fang mit wenig Geld an und erhöhe die Summe, wenn du dich wohlfühlst.

Der zweite wichtige Punkt: Fang so früh wie möglich mit dem Sparen an. Denn du hast einen mächtigen Verbündeten beim Vermögensaufbau an deiner Seite: den Zinseszinseffekt. Albert Einstein soll den Zinseszins mal als die „stärkste Kraft im Universum" bezeichnet haben. Das findet ich jetzt ein bisschen heftig. Aber zu unterschätzen ist er auf keinen Fall. Zinseszinseffekt bedeutet, dass sich nicht nur deine eingezahlte Summe vermehrt, sondern auch alle Gewinne, die du erzielst.

Mal angenommen, du hast 1.000 Euro angelegt und die Rendite liegt in Jahr eins bei sieben Prozent. Dann hast du nach einem Jahr 1.070. Im zweiten Jahr vermehren sich nun nicht nur die 1.000 Euro, die du mal eingezahlt hast, sondern auch die 70 Euro Gewinn aus dem ersten Jahr. Die Rendite im zweiten Jahr liegt nun bei fünf Prozent. Gäbe es jetzt keinen Zinseszinseffekt, würden sich wieder nur die 1.000 Euro vermehren. Du hättest also am Ende von Jahr zwei die ursprünglich eingezahlten 1.000 Euro plus die 70 Euro aus dem ersten Jahr und dann noch 50 Euro (fünf Prozent von 1.000 Euro). Insgesamt macht das also 1.120 Euro. Allerdings wirken die fünf Prozent dank des Zinseszinseffekt auf 1.070 Euro. Das heißt, du hast am Ende des zweiten Jahres ein Vermögen von 1.123,50. Der Unterschied sieht jetzt nicht groß aus. Aber es wird von Jahr zu Jahr mehr. Der Zinseszinseffekt sorgt dafür, dass sich dein Vermögen immer schneller vermehrt. Das kannst du auch gut an der Grafik sehen.

Die Macht des Zinseszinseffekts

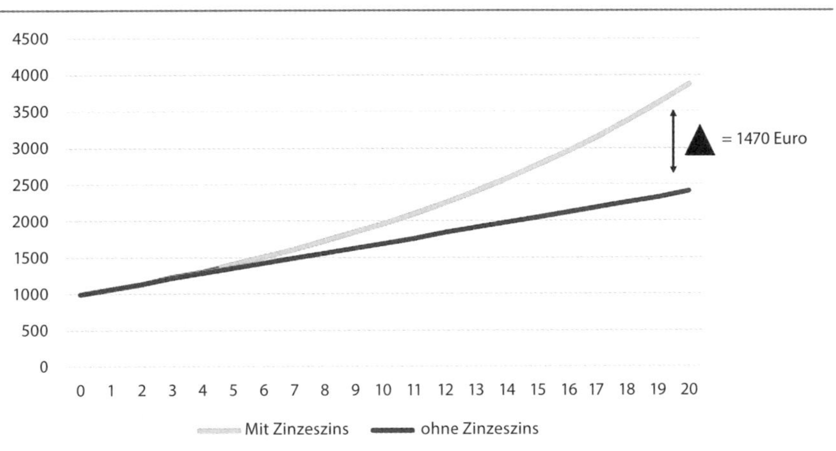

Dank des Zinseszinseffekts vermehrt sich nur das eingezahlte Kapitel, sondern auch die erzielten Gewinne. Quelle: eigene Berechnung mit sieben Prozent Rendite/Jahr (ohne Steuern und Gebühren)

Deswegen ist es wichtig, dass du früh beginnst. Denn dann hat der Zinseszinseffekt mehr Zeit, zu wirken und seine Magie zu entfalten. Mich hat ein Beispiel fasziniert, was ich im Buch „Die Psychologie des

Geldes“ von Morgan Housel gelesen habe. Housel schreibt über die Börsenlegende Warren Buffett (inzwischen 92 Jahre alt): „81,5 Milliarden der 84,5 Milliarden Dollar von Warren Buffetts Nettoeinkommen erzielte er erst nach seinem 65. Geburtstag ... Hätte er erst in seinen Dreißigern zu investieren begonnen und mit Mitte 60 aufgehört, hätte keiner je von ihm gehört.“[78]

Was er damit meint: Buffett begann bereits im Alter von zehn Jahren zu investieren und hatte mit 30 Jahren schon ein Vermögen von einer Million Dollar. Aber was wäre, wenn Buffett erst mit 30 Jahren angefangen hätte – sagen wir: mit einem Startkapitel von 25.000 Dollar? Unterstellt man die gleiche Rendite von 22 Prozent im Jahr, wie bei dem echten Buffett, hätte dieser „Spät-Buffett“ mit 60 Jahren ein Vermögen von 11,2 Millionen Dollar gehabt. Das ist natürlich eine Menge, aber nicht annährend so beeindruckend wie das Vermögen, das Buffett im echten Leben aufgebaut hat. Housels Ratschlag: „Wer als Investor besser abschneiden will, verlängert am besten seinen Zeithorizont. Zeit ist die größte Macht bei der Geldanlage. Sie lässt kleine Dinge groß werden und große Fehler verblassen.“[79]

Das Zahlenbeispiel in der Grafik zeigt nochmal, wie sehr sich das frühe Anfangen lohnt. Wenn du mit 67 Jahren in Rente gehst und bis dahin 100.000 Euro ansparen möchtest, dann reichen bei einer durchschnittlichen Jahresrendite von sieben Prozent rund 52 Euro im Monat, wenn du mit 30 Jahren anfängst. Das sind also noch nicht einmal zwei Euro pro Tag. Startest du hingegen erst mit 40 Jahren, sind es schon rund 112 Euro im Monat. Wartest du mit dem Sparen, bis du 50 Jahre alt bist, musst du gut 270 Euro im Monat einzahlen. Wenn wir nicht über einen Sparplan reden, sondern über eine Einmalzahlung, ist das Ergebnis ähnlich, wie du in der Tabelle sehen kannst.

---

78 Housel, Morgan: Über die Psychologie des Geldes. Zeitlose Lektionen über Reichtum, Gier und Glück. 2021, S. 52.

79 Housel 2021, S. 182.

100.000 Euro mit 67 Jahren

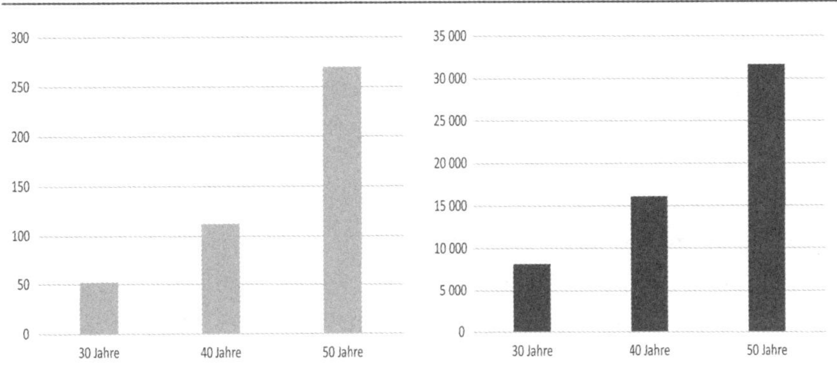

Schon aus kleinen Summen kann ein Vermögen werden – wenn man früh genug anfängt und dranbleibt. Quelle: eigene Berechnung, sieben Prozent Rendite/Jahr (ohne Steuern und Gebühren)

Also: Fang möglichst früh an, selbst wenn es erst einmal nur eine kleine Summe ist. Hauptsache, du tust etwas. Mit der Zeit kannst du dann die Summe immer weiter erhöhen.

Rente mit Dividenden-Aktien erhöhen

Ich möchte dir noch eine andere Möglichkeit vorstellen, wie du über die Börse für die Rente vorsorgen kannst: mit Dividenden-Aktien. Falls du nicht ganz genau weißt, was Dividenden sind, hier eine kurze Erklärung. Nicht alle, aber doch viele börsennotierten Firmen schütten jedes Jahr einen Teil ihres Gewinns über Dividenden an ihre Eigentümer aus.[80] Deutsche Firmen machen das meistens einmal im Jahr, vor allem amerikanische Firmen zahlen die Dividende auch quartalsweise oder halbjährlich. Es sind gewaltige Summe, die jedes Jahr auf diese Weise ausgeschüttet werden. Die Ausschüttung für das Geschäftsjahr 2022 betrug alleine bei den 100 größten deutschen börsennotierten Firmen rund 61,9 Milliarden Euro, Tendenz steigend.

80 Zu den Gründen, warum ein Unternehmen keine Dividende zahlt, gehört zum Beispiel das Fehlen eines Gewinns oder die Verwendung des Gewinns für andere strategische Ziele (Investitionen, Übernahmen etc.). In einer schwierigen wirtschaftlichen Lage verzichten Firmen meistens auch auf eine Dividende oder kürzen sie.

Das läuft dann so ab, wenn wir jetzt insbesondere auf Deutschland blicken, dass der Vorstand nach Abschluss des Geschäftsjahres einen Vorschlag über die Höhe der Dividende je Aktie macht. Denn dann steht fest, wie viel Gewinn das Unternehmen im vergangenen Jahr gemacht hat. Der Vorstand sagt dann zum Beispiel: Wir wollen pro Aktie 3,50 Euro ausschütten.

Alles, was du brauchst, um in den Genuss einer Dividendenzahlung zu kommen, ist also eine Aktie der Firma. Denn als Aktionär bist du ja Miteigentümer. Für jede Aktie erhältst du dann die Dividende. Um bei dem Beispiel zu bleiben: Wenn du zwei Aktien dieser Firma hättest, würdest du also sieben Euro an Dividende erhalten.

Bis das Geld aber tatsächlich fließt, vergeht noch einmal eine ganze Weile. Denn dem Vorschlag des Vorstands muss die Hauptversammlung, also die Versammlung der Aktionäre, der Eigentümer des Unternehmens, noch zustimmen. Und zwischen den beiden Ereignissen – Ankündigung und Beschluss – liegen immer ein paar Monate. Und nach der Hauptversammlung dauert es wieder ein paar Tage, bis das Unternehmen die Dividende tatsächlich überweist.

Das Gute: Es ist egal, wie lange du die Aktie schon hast, also ob du bereits jahrelang Aktionär des Unternehmens bist oder erst seit ein paar Tagen. Wichtig ist nur, dass du die Aktie zum Stichtag hast. Der Stichtag ist bei deutschen Aktien in aller Regel der Tag der Hauptversammlung. Bei ausländischen Aktien kann es durchaus andere Regelungen geben.

Du siehst also schon ein bisschen, auf was es hinausläuft und wie dir Dividendenaktien bei deiner Altersvorsorge helfen können. Die Ausschüttungen können eine gute Ergänzung zur gesetzlichen Rente sein. Es werden jetzt nicht Tausende Euros sein, die du erhältst. Dafür wäre die Summe, die du investieren müsstest, zu groß. Aber ein paar Hundert Euro jeden Monat sind durchaus drin (siehe Tabelle S. 98).

Die große Frage ist natürlich: Wie erkannt man gute Dividenden-Aktien? Und wie baut man ein gutes Dividenden-Depot?[81]

---

81 Über die Auswahl von Aktien und relevante Kennziffern könnte man ein ganzes Buch schreiben. Du findest ein paar Hinweise im Anhang.

Eine wichtige und einfach zu verstehende Kennzahl ist die Dividendenrendite. Dieser Wert setzt die Höhe der erwarteten Dividende je Aktie ins Verhältnis zum aktuellen Preis je Aktie. Alle gängigen Börsenportale im Internet zeigen die Dividendenrendite an. Die Rechnung scheint leicht: Je höher die Dividendenrendite, desto besser.

Aber so einfach ist leider natürlich (und leider) nicht. Denn es wäre ein großer Fehler, sich jetzt einfach die Aktien mit den höchsten Dividendenrenditen zusammenzukaufen. Denn die Kennziffer ist trügerisch. Eine Dividendenrendite von drei, fünf oder mehr Prozent klingt natürlich klasse. Aber bevor du zuschlägst, solltest du noch ein paar Dinge bedenken. Ganz wichtig ist vor allem: Eine hohe Dividendenrendite sollte niemals der einzige Grund sein, eine Aktie zu kaufen. Denn eine Dividendenrendite kann aus drei Gründen hoch sein:

1. Einmal, weil das Unternehmen so viel zahlt – was prinzipiell gut ist, auch wenn es natürlich noch genügend Geld für Zukunftsinvestitionen übrighaben sollte.
2. Oder weil die Anleger damit rechnen, dass das Unternehmen die angepeilte Dividende kürzen muss – was natürlich schlecht ist, weil das ja heißt, dass die Geschäfte nicht so gut laufen.
3. Oder weil der Aktienkurs so tief ist (manchmal kommt natürlich auch beides zusammen: fallender Kurs und Angst vor Dividendenkürzung). Das ist dann natürlich auch schwierig. Denn ein niedriger oder fallender Aktienkurs heißt natürlich nichts anderes, als dass die Anleger dem Unternehmen nicht so wahnsinnig viel in naher Zukunft zutrauen.

Achte deswegen nicht nur auf die Dividendenrendite, sondern auch auf die Zukunftsaussichten des Unternehmens. Was nutzt dir also die schönste Dividende, wenn die Aktie immer weiter fällt? Dann übertreffen die Kursverluste die Dividendenzahlung. Zumal es – und das ist jetzt auch nochmal ein wichtiger Punkt – den sogenannten Dividendenabschlag gibt. Am Tag nach der Hauptversammlung notiert die Aktie des Unternehmens immer Ex-Dividende. Das heißt, die Aktie notiert vermindert um die Dividendenzahlung. In aller Regel ist sie dann deutlich im Minus.

Für manchen Anleger kann das dann ein Schreckmoment sein, nach dem Motto: „Was ist denn da passiert?! Wieso bricht denn der Kurs so ein?“ Aber alles gut, unterm Strich hat sich nichts geändert. Schließlich hast du ja im Gegenzug die Dividende überwiesen bekommen. Um es an einem Beispiel deutlich zu machen: Das Unternehmen zahlt eine Dividende von zwei Euro je Aktie. Am Tag nach der Hauptversammlung fällt der Kurs von 52 auf 50 Euro. Du bist hier also zwei Euro im Minus. Auf der anderen Seite bekommst du die zwei Euro als Dividende überwiesen. Das Geld ist also sozusagen von der rechten in die linke Tasche gewandert.

Damit du aber wirklich von der Ausschüttung profitierst und es nicht nur ein Nullsummenspiel ist, muss die Aktie die Dividende wieder durch einen entsprechenden Kursanstieg „verdienen“. Erst wenn sie den Verlust wieder aufgeholt hat, kannst du die Dividende als echten Gewinn verbuchen. Das heißt aber auch, dass das Unternehmen gute Zukunftsaussichten haben muss, damit der Kurs auch wieder steigt.

Schließlich noch ein letzter Punkt: Wenn du nur auf die Dividendenrendite achtest, hast du ganz schnell vor allem Versicherer, Versorger, Konsumgüterhersteller, Unternehmen aus der Öl- und Gasindustrie und der Telekommunikationsbranche oder Tabakkonzerne im Depot. Hier werden überall klassischerweise gute Dividenden gezahlt. Du handelst dir also ein Klumpenrisiko ein.

Ich würde dir daher empfehlen, nicht nur auf die Dividendenrendite zu achten, sondern auf mehr Kriterien. Mir gefällt der Ansatz von Christian W. Röhl sehr gut. Er sucht Dividendenaktien nach vier Merkmalen aus. Er nennt es das „magische Viereck der Dividendenqualität“[82]:

1. Kontinuität: Christian sucht nach Aktien, die zehn Jahre lange die Dividende nicht gekürzt haben. Denn: „Wenn Firmen ihre Dividende über lange Zeiträume nie gesenkt oder sogar kontinuierlich erhöht haben, spricht das für funktionierende Geschäftsmodelle, solides Management, Anpassungsfähigkeit und Resilienz.“[83]

---

82 Siehe https://www.dividendenadel.de/dividendenadel/.

83 Ein extremes Beispiel für Kontinuität ist die Gruppe der Dividendenaristokraten: Nur wer seit mindestens 25 Jahren seine Dividende erhöht, darf sich zu diesem Kreis zählen. Es sind gar nicht so wenige Unternehmen.

2. Ausschüttungsquote: Eine Quote von 25 bis 75 Prozent hält Christian für angemessen. Seine Begründung: „Wird zu viel ausgeschüttet, fehlt womöglich bald Geld für Investitionen und das Unternehmen blutet aus. Gleichzeitig sind wir Aktionäre keine Hündchen, die man mit ein paar Ertragskrümeln abspeisen kann. Wer Eigenkapital gibt, sollte eine angemessene Gewinnbeteiligung erhalten."
3. Rendite: Christian schaut nach Aktien, die mindestens ein Prozent Dividendenrendite abwerfen. „Es ist nicht entscheidend, ob die Dividende einer Aktie zum Zeitpunkt des Einstiegs nun drei oder fünf Prozent des Kurswerts ausmacht – solange die Perspektive stimmt. Nur allzu niedrig sollte die Dividende halt nicht sein. Denn sonst dauert es selbst bei zweistelligem Wachstum viel zu lange, bis man eine signifikante Verzinsung auf das eingesetzte Kapital erhält."
4. Wachstum: Über zehn Jahre sollte die Dividende mindestens zweimal erhöht worden sein und einmal im aktuellen Jahr, meint Christian. Er sucht also nach Aktien mit drei Anhebungen in zehn Jahren. „Das Dividendenwachstum von heute ist die Dividendenrendite von morgen. Wer mehr Dividende zahlt, blickt optimistisch in die Zukunft und sendet damit ein starkes Signal an den Kapitalmarkt."

Du siehst also, es gibt viel mehr Kriterien als nur die Dividendenrendite. Wenn du jetzt sagst: „Wo soll ich denn die ganzen Informationen herkriegen? Die Recherche dauert ja ewig!", dann habe ich einen Tipp für dich: Die Webseite aktien.guide bewertet Aktien nach dem „magischen Viereck".[84] Nicht alle, aber viele Informationen sind kostenlos verfügbar.

Wenn du dir geschickt die Aktien zusammensuchst, kannst du sogar jeden Monat Geld aus Dividendenaktien beziehen. Du musst hier nur auf die Ausschüttungstermine achten. Das kommt natürlich einem monatlichen Zusatzeinkommen sehr nah (wobei es natürlich im Prinzip auch nichts anderes ist, als wenn du dir das Geld selber aufteilst).

---

84 Die genaue Adresse lautet https://aktien.guide/dividendenadel/listen.

Ich habe dir hier mal ein paar Aktien rausgesucht, mit denen du so ein „Jeden-Monat-Geld-Depot" bauen könntest.

Jeden Monat Zahltag

Monat		Unternehmen	
Januar	Cisco	Philip Morris	–
Februar	Procter & Gamble	Siemens	–
März	Microsoft	Unilever	Royal Dutch Shell
April	Cisco	Coca-Cola	Philip Morris
Mai	BASF	Procter & Gamble	–
Juni	Microsoft	Unilever	Royal Dutch Shell
Juli	Cisco	Coca-Cola	Philip Morris
August	Procter & Gamble	–	–
September	Microsoft	Unilever	Royal Dutch Shell
Oktober	Cisco	Coca-Cola	Philip Morris
November	Procter & Gamble	–	–
Dezember	Microsoft	Unilever / Coca-Cola	Royal Dutch Shell

Wer es geschickt anstellt und ein bisschen auf die Ausschüttungstermine achtet, kann sich ein Depot zusammenstellen, das ihm jeden Monat Dividende zahlt. So wie in der Tabelle könnte es zum Beispiel aussehen. Quelle: Unternehmensangaben; Stand 10/23

Allerdings: Es gilt natürlich auch für Dividendenaktien das, was ich vorhin geschrieben habe. Einzelaktien sind riskant. Regelmäßige Zahlungen können zwar über Kursverluste hinwegtrösten. Aber wenn der Kurs immer weiter fällt und sich nicht wieder erhöht, vernichtest du auf diese Weise dein Geld (zumal auch irgendwann die Dividendenzahlungen sinken werden. Ein Aktienkurs fällt ja nicht ohne Grund dauerhaft. Die Verluste sind in aller Regel Ausdruck schlechter Geschäftsaussichten. Ein Aktiendepot ist daher riskanter und mit mehr Aufwand verbunden, da man seine Unternehmen im Blick haben muss.

Stressfreier finde ich es daher, auch für Dividenden auf ETFs oder Fonds zurückzugreifen. Es gibt eine ganze Reihe von Angeboten, aus denen Anleger wählen können. Die Dividendenrenditen können sich durchaus sehen lassen. Sie liegen bei gut drei Prozent. Mit Einzelaktien ist zwar mehr möglich, aber bei ETFs und Fonds bekommst du eine entspannte Art des Ansparens und musst dir keine Sorgen wegen Ausfallrisiken machen. Dann genau wie bei den Welt-ETFs gibt es regelmäßige Anpassungen. Performance-Wunder sind diese ETFs und Fonds zwar meistens nichts, da wachstumsstarke Aktien wie zum Beispiel Tech-Werte in der Regel keine hohe Dividende zahlen. Es geht hier eben mehr um die Überweisungen aufs Konto.

Hier findest du einige ETFs und Fonds zur Auswahl:

- S&P Global Dividend Aristocrats Quality Income (zum Beispiel von SPDR, ISIN IE00B9CQXS71): Dividende seit zehn Jahren konstant oder erhöht (DivRen: 4,5 %)
- FTSE All World High Dividend Yield (zum Beispiel von Vanguard, ISIN IE00B8GKDB10): Breite Streuung mit über 1.800 Titeln (DivRen: 4,1 %)
- STOXX Global Select Dividend 100 (zum Beispiel von iShares, ISIN DE000A0F5UH1): Gewichtung der Werte nach Dividendenrendite (DivRen: 5,3 %)
- MSCI World Quality Dividend (zum Beispiel von iShares, ISIN IE00BYYHSQ67): Screening der Aktien nach Dividendenrendite und Qualitätsmerkmalen (DivRen: 2,8 %)

Noch ein Hinweis: Es lohnst sich, früh mit dem Investment in Dividenden-Aktien anfangen. Denn wenn du Dividenden-Aktien länger hältst und der Konzern seine Ausschüttung Jahr für Jahr erhöht, steigt natürlich deine Rendite. Denn sie bezieht sich ja auf deinen Kaufpreis. Was ich damit meine: Du hast die Aktie von Unternehmen A für 50 Euro gekauft. Das Unternehmen schüttet zwei Euro Dividende aus. Macht eine Rendite von vier Prozent. Im kommenden Jahr steigt die Dividende auf 2,20 Euro. Dann bist du schon bei einer Rendite von 4,4 Prozent. Ein paar Jahre später ist die Zahlung bei drei Euro ankommen. Jetzt sind es schon sechs Prozent und so weiter. Das kann sich also auf Dauer richtig lohnen und die Summe reduzieren, die du für ein Zusatzeinkommen aus Dividenden brauchst. Beachte allerdings bei deinen Planungen, dass Dividenden oberhalb des Sparerpauschbetrags versteuert werden müssen.

Wie Dividenden die Rente erhöhen

Monatsziel	1,00%	1,50%	2,00%	2,50%	3,00%	4,00%	5,00%
50 €	60 000 €	40 000 €	30 000 €	24 000 €	20 000 €	15 000 €	12 000 €
100 €	120 000 €	80 000 €	60 000 €	48 000 €	40 000 €	30 000 €	24 000 €
150 €	180 000 €	120 000 €	90 000 €	72 000 €	60 000 €	45 000 €	36 000 €
200 €	240 000 €	160 000 €	120 000 €	96 000 €	80 000 €	60 000 €	48 000 €
250 €	300 000 €	200 000 €	150 000 €	120 000 €	100 000 €	75 000 €	60 000 €
300 €	360 000 €	240 000 €	180 000 €	144 000 €	120 000 €	90 000 €	72 000 €
350 €	420 000 €	280 000 €	210 000 €	168 000 €	140 000 €	105 000 €	84 000 €
400 €	480 000 €	320 000 €	240 000 €	192 000 €	160 000 €	120 000 €	96 000 €
450 €	540 000 €	360 000 €	270 000 €	216 000 €	180 000 €	135 000 €	108 000 €

Dividendenausschüttungen können eine gute Ergänzung zur Rente sein. Wer jedoch alleine von Dividenden leben will, muss eine ziemlich große Summe investieren. Quelle: eigene Berechnungen (ohne Steuern und Gebühren)

Und noch ein Tipp: Die Dividendenzahlungen setzen natürlich nicht erst mit der Rente ein. Überlege dir gut, was du mit den Ausschüttungen bis dahin machst. Reinvestiere sie nach Möglichkeit und gib sie nicht für irgendetwas aus. Denn so erhöhst du das Kapital, das sich mit der Zeit immer mehr vermehren kann.

Wie viel Geld darf es im Alter sein?

Jetzt hast du viel übers Ansparen für die Rente erfahren. Aber wie geht es dann weiter? Was passiert, wenn das Rentenalter erreicht ist und du von dem Geld leben willst? Genau wie für die Ansparphase ist auch für die Entnahmephase eine Strategie wichtig. Verschiedene Wege sind hier möglich – alle haben ihre Vor- und Nachteile.

Die Herausforderungen sind dabei vielfältig:

- Wie stelle ich sicher, dass das Geld tatsächlich für den Rest meines Lebens reicht?
- Wie kann ich jeden Monat gut mit meiner Zusatzrente kalkulieren?

- Wie gehe ich mit Marktschwankungen um?
- Wie vermehre ich mein Geld auch im Alter weiterhin?

Schauen wir uns zuerst einmal die zwei Extrempole an, die es gibt. Die einfachste Variante ist, vor der Rente alles zu verkaufen und dann die Summe durch die erwartete restliche Lebenszeit zu teilen, zum Beispiel 30 Jahre. Auf diese Weise habe ich im Alter jeden Monat eine feste Summe zur Verfügung. Sterbe ich früher, bleibt sogar noch etwas zum Vererben. Kritischer wird es, wenn ich länger lebe. Denn dann ist das Ersparte aufgebraucht. Außerdem verzichte ich bei dieser Strategie auf weitere Vermögenszuwächse. Gerade am Anfang der Rente liegt eine große Summe niedrig verzinst auf dem Konto. Hier wird Rendite verschenkt. Denn das Alter ist kein Argument gegen Aktien. Den langen Anlagehorizont, der wichtig bei der Geldanlage ist, hat man durchaus noch, wenn man 60 oder 70 Jahre alt ist. Deshalb ist die Formel, die du vielleicht schon gelesen oder gehört hast, eigentlich nicht richtig. „Aktienquote = 100 minus Lebensalter" klingt zwar griffig, ist aber nicht besonders schlau. Sie ist sehr pauschal und blendet zum Beispiel aus, welches Vermögen und welche Einnahmen noch vorhanden sind.

Der Königsweg für Entnahmestrategien als das andere Extrem sind Simulationsrechnungen. Ohne die Hilfe eines Experten sind diese jedoch kaum möglich. Hierbei wird durchgerechnet, wie sich verschiedene Entnahmesummen bei unterschiedlichen Kapitalmarktentwicklungen auf das Vermögen auswirken. Die Kunden erfahren dann zum Beispiel, bei welcher monatlichen Entnahme das Geld mit hoher Wahrscheinlichkeit „ewig" hält: Die Renditezuwächse gleichen die entnommene Summe aus. Das Ergebnis kann dann zum Beispiel sein, dass mit einer jährlichen Entnahme von 3,3 Prozent des Vermögens die Wahrscheinlichkeit bei gerade mal 0,54 Prozent liegt, dass das Geld bis zum Ende des Planungshorizonts von 30 Jahren aufgebraucht wird.

Diese Kalkulation alleine anzustellen, ist leider nicht so einfach.[85] Zwar könnte man mit Blick auf die Durchschnittsrendite der Vergangenheit meinen, dass man jedes Jahr auch acht Prozent des

85 Stiftung Warentest hat allerdings einen ganz guten Rechner programmiert, mit dem sich verschiedene Strategien durchspielen lassen. Du findest ihn hier: https://www.test.de/pantoffel-portfolio-entnahmeplan-5754765-5754779/

Kapitals entnehmen kann. Allerdings gibt es das sogenannte „Rendite-reihenfolge-Risiko“. Durchschnittsrendite heißt ja, dass es Jahre gab, in denen die Rendite mal höher lag, und vor allem Jahre, wo sie niedriger war. Wenn jetzt just zu Rentenbeginn eine schwache Marktphase startet, wo die Börse nur ein oder zwei Prozent steigt oder sogar schrumpft, ist eine Entnahme in Höhe von acht Prozent zu hoch. Das Kapitel schmilzt zu stark ab und kann sich vielleicht nicht mehr adäquat erholen – selbst wenn dann wieder Jahre mit Zuwächsen von zum Beispiel zehn Prozent kommen.

Zwischen den beiden Polen bewegt sich die sogenannte Etappen-Strategie. Sie ist auch ohne Hilfe gut umsetzbar. Sie funktioniert so, dass ich in einem ersten Schritt kalkuliere, wie viel Geld ich die nächsten zehn Jahre brauche. Diese Summe entnehme ich aus dem Depot. Der Rest des Geldes kann sich weitervermehren. Kurz vor Ende der zehn Jahre entnehme ich wieder die Summe, die ich in den nächsten Jahren ausgeben werde. Der Rest vermehrt sich weiter. Der Vorteil: Ich kann über einen langen Zeitraum mit einer sicheren Zusatzrente kalkulieren, bewahre mir aber die Chance auf einen weiteren Vermögensaufbau im Alter.

Eine Abwandlung dieser Idee ist ein Konzept, das die Stiftung Warentest als „flexible Rente“ bezeichnet. Bei der flexiblen Rentenstrategie teilen Anlegerinnen und Anleger ihr gesamtes Vermögen jedes Jahr neu durch die Anzahl der verbleibenden Jahre. Bei 100.000 Euro und 30 Jahren Entnahmehorizont ergeben sich zum Beispiel 3.333 Euro für die Auszahlung im ersten Jahr, also 278 Euro im Monat. Im nächsten Jahr wird die Rechnung für die verbleibenden 29 Jahre wiederholt, und so weiter. Auf diese Weise reagiert die Rentenhöhe direkt auf den Verlauf des Aktienmarktes. Nach guten Börsenjahren kannst du deine Rente erhöhen. Nach schlechten Börsenjahren musst du aber auch deine Renten absenken. Am Ende des Betrachtungszeitraum ist das Vermögen dann allerdings aufgebraucht.

Immobilien als Altersvorsorge

Von Anaïs Cosneau, Immobilieninvestorin und Gründerin Happy Immo[86]

Das Investieren in Immobilien ist ein essenzieller Baustein deines Vermögensaufbaus und deiner Rentenplanung. Denn mit einer Immobilie sparst du dir im Alter entweder die Miete oder erhältst durch Mieteinnahmen eine Zusatzrente. Im Vergleich zu anderen Investments ist bei einer Immobilieninvestition jedoch sehr viel Geld im Spiel. Du solltest deshalb gut vorbereitet an den Immobilienkauf herangehen. In meinem Kapitel lernst du, warum Immobilien eine gute Altersvorsorge sind, welche Art der Immobilie sich für die Rente am besten eignet, wie du die richtige Immobilie findest, wie du deine Immobilie ohne Stress verwaltest und wie du je nach Alter idealerweise in Immobilien investierst.

Lass uns aber anfangen mit der Frage, auf welche Immobilie du setzen solltest. Denn es gibt ja einmal die Immobilie als Eigenheim und dann noch die Immobilie als Kapitalanlage. Beim Eigenheim erwirbst du eine Immobilie, um sie selbst zu bewohnen, bei einer Kapitalanlage, um sie zu vermieten.

Das Eigenheim hat den Vorteil, dass du im Ruhestand keine Miete mehr zahlen musst. Gerade wenn das Einkommen während der Rente begrenzt ist, hilft das enorm. Ein Eigenheim kann dir außerdem ein Gefühl von Sicherheit geben, da es einfach dein Zuhause ist. Zudem erlaubt es eine individuelle Gestaltung und Anpassung an deine Bedürfnisse. Eine Kapitalanlage wiederum bietet dir Mieteinkünfte, die eine Rente aufpäppeln und dir zusätzliche Einnahmen generieren. Darüber hinaus bietet die Kapitalanlage die Möglichkeit, von möglichen Wertsteigerungen der Immobilie zu profitieren (beim Verkauf).

Beide Varianten haben ihre Vor- und Nachteile. Während das Eigenheim die Unabhängigkeit von Mietzahlungen verspricht und ein

86 Mehr zu Anaïs Cosneau erfährst du im Anhang.

vertrautes Umfeld schafft, erfordert es in der Regel höhere finanzielle Investitionen als eine Kapitalanlage. Warum? Weil dein Zuhause beispielsweise in einer bestimmten Lage liegen soll, in der Nähe der Kita, nah am Büro oder ganz im Grünen. Hast du dann einmal die perfekte Wohnung oder das perfekte Haus für deine Familie und dich gefunden und dich in die Immobilie verliebt, handelst du weit weniger rational als beim Kauf einer Kapitalanlage, die sich in erste Linie einfach nur rechnen soll. So bist du dann bereit, fast jeden Preis zu zahlen. Auch darfst du die Umbau- und Sanierungskosten nicht vergessen, die du für dein perfektes Eigenheim investieren wirst. Glaubst du nicht? Habe ich hundertfach gesehen.

Eigenheime haben noch einen weiteren Nachteil: Sie sind unflexibel. Wir Deutsche brauchen im Durchschnitt 26 Jahre, um unsere Immobilien abzubezahlen. Möchtest du mit 65 Jahren in Rente gehen und dann keine Kosten mehr für deine Immobilie haben, muss sie bis dahin abbezahlt sein. Also solltest du spätestens mit 39 Jahren dein Eigenheim erwerben. Mit 39 Jahren hast du aber in der Regel ganz andere Anforderungen an dein Zuhause als mit 65 Jahren. Mit 39 Jahren benötigst du vielleicht ein paar Kinderzimmer, einen Garten, eine Wohnung in der Nähe der Kita und scheust keine Treppen. Mit 65 ist dir die Nähe zu Kita egal und die Kinderzimmer sind verschenkter Platz. Du hast dann eine viel zu große Immobilie in vielleicht unpassender Lage, für die du natürlich auch mehr Nebenkosten zahlen musst als für eine kleinere Wohnung.

Die Kapitalanlage als Immobilieninvestment erfordert zwar ebenfalls eine solide finanzielle Basis, bietet jedoch die Chance auf Mieteinnahmen und eine langfristige Wertsteigerung der Immobilie. Nachteil einer Kapitalanlage sind der zeitliche Aufwand und die Verantwortung, die mit der Verwaltung und der Vermietung der Immobilie verbunden sind. Hierfür gibt es allerdings sehr gute und gar nicht so teure Lösungen. Darauf gehe ich später ein.

Jetzt könnte man sagen: „Schön und gut, aber beim Eigenheim zahle ich meine eigene Immobilie ab. Wenn ich kein Eigenheim besitze und zur Miete wohne, zahle ich die Immobilie eines anderen ab. Warum sollte ich also investieren und zur Miete wohnen?“ Ja, das stimmt.

Allerdings zahlst du dein Eigenheim komplett allein ab, während deine Kapitalanlage bis fast zu 90 Prozent von deinen Mietern abgezahlt wird. Warum? Weil du eine Kapitalanlage mit 10 bis 20 Prozent Eigenkapital erwirbst und den Rest über die Jahre aus deinen Mieteinnahmen abbezahlst.

Klingt spannend? Ist es auch. Fazit daher: Ein Eigenheim ist „nice to have", aber kein „must". Um eine zusätzliche Rente aufzubauen, empfehle ich die Kapitalanlage.

Und ja, diversifizieren geht auch mit Immobilien. Wenn du genug Geld gespart hast, um eine größere Immobilie zu erwerben, empfehle ich dir ganz klar, mehrere kleine Immobilien zu kaufen. Warum? Weil du so dein Klumpenrisiko minimierst. Stell dir vor, deine Mieterin fällt – aus welchem Grund auch immer – aus. Wenn du beispielsweise drei kleinere Wohnungen besitzt, fehlen dir 33 Prozent Deiner Mieteinnahmen. Besitzt du eine große Wohnung und die Mieterin fällt aus, so fehlen dir 100 Prozent der Einnahmen.

Schritt für Schritt zur Immobilie

Der allererste und wichtigste Schritt zu deiner ersten Wohnung ist zunächst einmal dein Kassensturz: Wie viel Nettogehalt bleibt dir monatlich übrig und wie sieht es mit deinen Ersparnissen aus? Banken wollen in der Regel ein monatliches Nettoeinkommen von mindestens 2.500 Euro. Bei Selbstständigen sollten es die letzten drei Jahre durchschnittlich mindestens 2.500 Euro pro Monat sein. An Eigenkapital solltest du heutzutage mindestens zehn Prozent des Kaufpreises plus Nebenkosten mitbringen. Es gibt auch 100-Prozent-Finanzierungen, bei denen du theoretisch „nur" die Nebenkosten mitbringen müsstest. Diese sind heute aber selten geworden und wenn dir eine Bank das anbietet, dann zu sehr ungünstigen Konditionen. Du solltest daher mit einer Finanzierung in Höhe von 80 bis 90 Prozent rechnen. Das bedeutet, du solltest genug Eigenkapital für die Nebenkosten und für 10 bis 20 Prozent des Kaufpreises bereithalten.

Doch was sind die Ankaufsnebenkosten und wie hoch sind sie? Die Ankaufsnebenkosten sind alle Kosten, die durch den Ankauf einer

Immobilie ausgelöst werden und gliedern sich in Maklergebühr, Grunderwerbsteuer und Notar- und Grundbuchgebühren. Diese Kosten sind auf den Kaufpreis gerechnet wie folgt:

- die Maklercourtage (oft 3,0 Prozent)
- die Grunderwerbsteuer (3,5 Prozent wie in Bayern und Sachsen bis 6,5 Prozent wie in Brandenburg)
- die Notar- und Gerichtskosten (zusammen etwa 1,5 Prozent)

Zu den 10 bis 20 Prozent des Kaufpreises kommen also im besten Fall fünf Prozent Nebenkosten hinzu (wenn du in Bayern oder Sachsen und ohne Makler kaufst). Im schlechtesten Fall wären das elf Prozent auf den Kaufpreis.

Zu viel Theorie? Dann ab in die Praxis: Mit 25.000 Euro Eigenkapital könntest du beispielsweise eine Immobilie in Leipzig ohne Makler für 167.000 Euro finanzieren. Dein Eigenkapital wären 25.000 Euro, Deine Kreditsumme 150.300 Euro.

Im nächsten Schritt geht es um den Standort deiner Immobilie. Lege fest, in welcher Stadt du investieren möchtest. Hier liegt es nahe, in der Stadt, in der Region zu suchen, in der du wohnst. Das hat den Vorteil, dass du bei den Besichtigungen flexibel bist und solche auch mal zwischen reinschieben kannst. Es ist aber kein Muss, in der Stadt zu suchen, in der du wohnst, gerade wenn das eine Stadt mit sehr teuren Preisen wie beispielsweise München, Frankfurt oder Hamburg ist. Wichtig ist allerdings, dass du die Stadt gut kennst und gute von schlechten Lagen unterscheiden kannst. Auch solltest du in der Stadt, in der du investierst, ein gutes Netzwerk haben, sodass du im Falle eines Schadens Referenzen von guten Handwerkern einholen kannst etc.

Um die Verwaltung wiederum musst du dir hier weniger Sorgen machen, da es in jeder Stadt Makler gibt, die die Vermietung für dich übernehmen können, oder es gibt Hausverwaltungen, die deutschlandweit agieren und deine komplette Verwaltung übernehmen. Das bedeutet, dass ein Anruf wegen eines tropfenden Wasserhahns beispielsweise bei ihnen statt bei dir eingeht und sie den Fall für dich lösen. Ein gutes Beispiel hierfür ist Habitalix aus Berlin.

Wenn du nun weißt, wie hoch der Kaufpreis sein darf und wo du investieren möchtest, legst du dir am besten ein Suchprofil bei den gängigen Suchmaschinen an. Aber suche smart: Verlasse dich nicht nur auf Immobilienscout und andere Plattformen. Halte überall Ausschau nach Hinweisen. Spread the Word – ob beim Friseur, bei der Maniküre, bei der Ärztin. Es ist überraschend, wer was weiß! Noch ein Pro-Tipp: Verteile Briefe an die Nachbarn in deiner Wunschgegend. Die wissen es immer als Erste ...

Um zu wissen, welches Angebot spannend ist, machst du nun die Bierdeckelrechnung. Sie ist so simpel, dass die Formel auf einen Untersetzer passt! Um schnell zu prüfen, ob ein gutes Angebot vorliegt, gilt es, den Kaufpreis, beziehungsweise Zins und die Tilgung, mit Mieteinnahmen gegenzurechnen. Schnelle Formel: Erst Jahresmieteinnahmen durch den Kaufpreis teilen, dann mal 100 nehmen. Das Ergebnis ist die Rendite in Prozent und sollte mindestens fünf bis sechs Prozent betragen.

Rechnet sich eine Wohnung per Bierdeckelkalkulation, solltest du trotzdem nochmal schnell den Kaufpreis prüfen. Dafür vergleichst du den Preis mit dem anderer Wohnungen in ähnlicher Lage. Nimm hierfür den Preis pro Quadratmeter. Dafür teilst du den Kaufpreis durch die angegebene Quadratmeterzahl. Dann hast du den Quadratmeterpreis, den die Verkäufer oder die Verkäuferinnen für die Immobilie haben möchten. Du solltest dann direkt ins Internet gehen und prüfen, was vergleichbare Wohnungen in vergleichbarer Lage kosten und ob dein Quadratmeterpreis teurer oder günstiger ist.

Der nächste Schritt ist dann die Wohnungsbesichtigung. Hier gibt es einige wichtige Punkte, auf die du achten solltest, um sicherzustellen, dass die Wohnung deinen Bedürfnissen entspricht:

- Überprüfe den Zustand der Immobilie. Achte auf eventuelle Schäden an Wänden, Böden oder Fenstern. Schau auch nach der Funktionsfähigkeit der Sanitär- und Elektroinstallationen.
- Beachte die Lage der Wohnung. Prüfe, ob sie in einer passenden Umgebung liegt, nahe an wichtigen Einrichtungen wie Geschäften, Schulen oder öffentlichen Verkehrsmitteln.

- Schau dir die Größe und Aufteilung der Räume an. Stelle sicher, dass die Raumverteilung für deinen Vermietungsplan praktisch ist.
- Beachte auch die Lärm- und Geruchsbelästigung in der Umgebung. Achte auf Straßenlärm oder andere potenziell störende Geräusche.
- Frage nach den Nebenkosten und kläre, welche Kosten in der Miete enthalten sind und welche nicht.
- Schließlich solltest du den Zustand des Gebäudes und der Gemeinschaftsbereiche überprüfen. Erkundige dich nach möglichen Renovierungsplänen oder anstehenden größeren Reparaturen.

Eine gründliche Besichtigung hilft dir, eine informierte Entscheidung zu treffen und sicherzustellen, dass die Wohnung deinen Anforderungen entspricht.

Neben der Wohnung solltest du auch die Dokumente, die dazugehören, einem kritischen Blick unterziehen. Für den Kauf nimmst du viel Geld in die Hand und es ist wahrscheinlich das größte Investment, das du bisher getätigt hast. Damit du dich mit diesem Investment zu 100 Prozent wohlfühlst und nachts gut schlafen kannst, musst du wissen, dass mit der Wohnung alles in Ordnung ist und nicht irgendwo Risiken lauern. Es wichtig, dass du alle Themen im Griff hast. Ein solches Thema kann zum Beispiel die Vermietung sein. Bekommst du nicht mit, dass der Mietvertrag nur zeitlich befristet ist, wirst du wahrscheinlich vom Auszug der Mieterin überrascht. Ohne einen Nachfolger kommen ein paar Wochen ohne Mieteinnahmen auf dich zu. Wenn du aber weißt, wann sie auszieht, kannst du rechtzeitig eine neue Mieterin finden und nahtlos weiter Miete beziehen.

Die Informationen zu diesen Themen findest du in den Dokumenten, die zu der Wohnung gehören. Deshalb musst du diese Unterlagen kennen und wirklich verstehen. Wichtige Dokumente, die du einholen und prüfen solltest sind:

- das Exposé
- der Grundriss
- der Mietvertrag

- die Flurkarte
- der Grundbuchauszug
- die Hausgeldabrechnung
- der Wirtschaftsplan
- die WEG-Protokolle
- der Energieausweis
- die Teilungserklärung
- die Wohnflächenberechnung

Wenn alles passt, kannst du nun beurkunden. Such dir einen Notar deines Vertrauens und lasse einen Kaufvertrag erstellen. Achtung: Damit löst du Kosten aus, die du auch dann tragen musst, wenn der Kauf aus welchen Gründen auch immer doch nicht stattfindet. Lass dir deshalb vorher vom Verkäufer bestätigen, dass du den Zuschlag erhältst. Hierzu noch zwei Tipps:

1. Als Käuferin oder Käufer entscheidest du, bei welchem Notar du beurkundest. Wer zahlt, entscheidet. Das ist deshalb wichtig, weil du dir einen Notar deines Vertrauens aussuchen kannst und keinen bereits vorgefertigten Kaufvertrag annehmen musst.
2. Wenn es irgendwie geht und ein Makler im Spiel ist, versuche, den Zeitpunkt der Zahlung der Maklerfee auf den Zeitpunkt zu legen, an dem Nutzen und Lasten der Immobilie auf dich über gehen und du wirklich Eigentümerin bist. Manchmal scheitern Deals im Nachhinein und dann hast du die Maklerfee bereits gezahlt.

Wenn es geklappt hat und du die Wohnung gekauft hast, beginnt das „Tagesgeschäft". Denn du bist für ein Mietverhältnis und für eine Immobilie verantwortlich. Entweder organisiert du alles selbst oder du suchst dir eine Hausverwaltung, die die Verwaltung und die Vermietung der Immobilie für dich übernimmt. Ich empfehle Letzteres, denn solche Hausverwaltungen sind gar nicht so teuer (25 bis 30 Euro pro Monat pro Wohnung), was in Summe pro Jahr 300 bis 360 Euro sind. Ich finde das sehr gut investiertes Geld dafür, dass bei mir keine Mieterin samstagsabends wegen eines tropfenden Wasserhahns anruft. Eine tolle Hausverwaltung, mit der ich sehr gute Erfahrungen gemacht habe, ist Habitalix aus Berlin.

Deine Formeln für den Immokauf

Wenn du investierst, möchtest du, dass sich das Investment rechnet und dir eine Rendite erwirtschaftet. Wenn du beispielsweise ETFs oder Aktien kaufst, dann möchtest du Geld ausgeschüttet bekommen und nicht nachschießen müssen. Das Gleiche gilt für Immobilien: Wenn du eine Immobilie als Kapitalanlage kaufst, dann soll sie eine Rendite erwirtschaften und du möchtest in der Regel nicht draufzahlen.

Hier gibt es daher zwei Formeln, die du kennen musst. Die erste Formel für einen Immobilienkauf als Kapitalanlage lautet

Zinsen + Tilgung + Nebenkosten + Rücklagen = Mieteinnahmen,

wobei „Zinsen + Tilgung" auf der einen Seite den größten Posten ausmachen. Deine Miteinnahmen müssen also die Zahlung für Zins und Tilgung (Nebenkosten + Rücklagen) decken. Merke dir diese Formel! Sie sagt dir, ob sich deine Wohnung von selbst abbezahlt oder nicht. Sie ist Grundlage für deine funktionierende Kapitalanlage!

Die zweite Formel sieht so aus:

$$\text{Zukünftiger Wert} = \text{Anfangswert} \times (1 + \text{Wachstumsrate})^{\text{Anzahl der Jahre}}$$

Hier geht es darum, dass du ein Gespür dafür bekommst, wie viel deine Immobilie einmal wert sein könnte und welchen Preis du also im Falle eines Verkaufs erzielen könntest. In den vergangenen Jahren trugen die Wertzuwächse nicht unerheblich zur Attraktivität einer Immobilie als Geldanlage bei. So stiegen die Immobilienpreise in Deutschland in den letzten 18 Jahren um durchschnittlich 4,8 Prozent pro Jahr. Laut Prognosen werden in Deutschland künftig sogar Zuwächse von 7,2 Prozent pro Jahr erwartet.

Klingt kompliziert? Keine Sorgen, gleich gibt es ein paar Beispielrechnungen.

Wie du je nach Alter investieren solltest

Eine Immobilie als Kapitalanlage ist das ideale Investment für beinahe jedes Alter. Eine eigene Immobilie hilft nicht nur in Zeiten eines völlig überhitzten Mietmarktes, sondern ist auch ein wichtiger Baustein zu Unabhängigkeit und finanzieller Freiheit.

Eine eigene Immobilie zu kaufen, ergibt fast immer Sinn, am allermeisten aber, wenn man jung ist. Wer mit 25 Jahren eine Wohnung kauft, hat sie mit 51 abbezahlt und spart sich entweder die Miete oder erhält ein zusätzliches Gehalt/Rente.

Dass sich die meisten Menschen in jungen Jahren keine eigene Immobilie leisten können, weil ihnen das Geld fehlt oder sie keinen Kredit bekommen, liegt auf der Hand. Dennoch gilt: Je jünger du bei deinem ersten Immobilienkauf bist, desto besser. Desto früher ist deine Immobilie abbezahlt. Desto früher erhältst du ein zusätzliches Einkommen. Und: Wenn du einmal deine erste Immobilie gekauft hast, sind alle Sorgen, Ängste und Hürden, die dich bisher davon abgehalten, gefallen. Du kennst jeden Schritt zur weiteren Wohnung und wirst wahrscheinlich auf den Geschmack gekommen sein. So baust du dir peu à peu dein eigenes Immobilienportfolio auf, das dich locker durch die Rente bringt.

Jetzt fragst du dich: Schön und gut, aber wie mache ich das? Ganz einfach: Fange klein an! Spare 10.000 Euro zusammen und suche dir eine kleine Immobilie im Wert von 50.000 bis 100.000 Euro. Wenn du keinen Weg findest, 10.000 Euro zusammenzusparen, dann frage deine Eltern, deine Verwandtschaft, ob sie dir einen Familienkredit gewähren würden. Unsere ehemalige Justiz- und Wirtschaftsministerin Brigitte Zypries ist hier leuchtendes Vorbild: Sie hat ihrem Neffen, als er Anfang 20 war, das nötige Eigenkapital für seinen ersten Immobilienkauf geliehen. Inzwischen besitzt er mehrere Immobilien und stottert seiner Tante peu à peu den Kredit ab.

Wenn auch das nicht funktioniert, hier noch eine Idee: Tue dich mit einer Freundin oder einem Freund zusammen und kauft gemeinsam. So habe auch ich angefangenen und es hat sich gelohnt! Wir haben uns Geld, Sorgen und Spaß geteilt.

Und wenn du jetzt sagst, es gibt doch keine Wohnung für 50.000 Euro, dann liegst du falsch. Hier ein Beispiel aus unserem Happy Immo Club:

- Lage: Nähe Essen Hauptbahnhof
- Größe: 30 Quadratmeter
- Kaufpreis: 43.000 Euro.
- Runtergehandelt von 69.000 Euro
- Bruttomietrendite 6,3 Prozent
- Zins & Tilgung 6,0 Prozent
- Eigenkapitel rund 9.000 Euro
- Fremdkapital: 38.500 Euro
- Annuität pro Monat: 178 Euro
- Mieteinnahmen pro Monat: 245 Euro
- Rücklagen pro Monat: 52 Euro (Nichtumlagefähige Nebenkosten + drei Prozent Mietausfall und ein Euro pro Quadratmeter Rücklagen)
- **Ergebnis pro Monat: plus 15 Euro**

Diese Wohnung ist seit 23 Jahren an ein und dieselbe Person vermietet. Der aktuelle Mietzins beträgt 7,50 Euro pro Quadratmeter. Die mögliche Miete bei Neuvermietung liegt bei ca. zehn Euro pro Quadratmeter.

In gut 26 Jahren ist diese Wohnung abbezahlt. Aus 9.000 Euro wurde ein Gegenwert von deutlich mehr als 43.000 Euro (Wertsteigerung für Immobilien ist mit 7,2 Prozent pro Jahr erwartet, was aus 43.000 Euro direkt rund 115.329 Euro machen würde) plus einer möglichen Zusatzeinnahme von deutlich mehr als 300 Euro pro Monat durch Mietsteigerung.

Hier noch ein zweites Beispiel: Die Käuferin ist bereits Mitte 50 und hat 25.000 Euro Eigenkapital gespart.

- Lage: Düsseldorf
- Kaufpreis: 227.500 Euro
- Verkehrswert: 284.000 Euro!
- Bruttomietrendite: 7,2 Prozent
- Zins und Tilgung: 6,15 Prozent
- Eigenkapital: 24.546 Euro
- Annuität pro Monat: 1.160 Euro

- Mieteinnahmen pro Monat: 1.364 Euro
- Rücklagen und Nichtumlagefähige Nebenkosten pro Monat: 85 Euro
- **Ergebnis pro Monat: plus 119 Euro**

Auch diese Wohnung zahlt sich von selbst ab. Sobald sie abbezahlt ist, wirft sie mindestens 1.364 Euro pro Monat an Miete als zusätzliches Einkommen ab. Dazu kommen die Verkaufserlöse. Denn die Wohnung wurde mit dem Ziel erworben, sie nach zehn Jahren weiterzuveräußern. Warum nach zehn Jahren? Als Privatperson kannst du nach zehn Jahren eine Immobilie steuerfrei verkaufen. Die Einnahmen dürften auch noch einiges zur Rentabilität dieses Investments beitragen. Für die Berechnung nutzen wir die Formel von eben. Ich wiederhole sie nochmal schnell:

Anfangswert × (1 + Wachstumsrate)$^{\text{Anzahl der Jahre}}$

Das heißt konkret mit Zahlen für dieses Beispiel

284.000 Euro × (1 + 0,072)^{10} = 496.398 Euro.

Renditemäßig bedeutet das:

- Eingesetztes Eigenkapital: 24.546 Euro
- Restkredit nach zehn Jahren: 244.646 Euro
- Einnahmen durch Verkauf: 496.398 Euro
- Gewinn: 251.752 Euro

Das Eigenkapital wurde also verzehnfacht, das bedeutet eine Jahresrendite von 100 Prozent auf das Eigentum!

Und hier noch ein drittes Beispiel: Die Käuferin ist Mitte 30 und hat 36.000 Euro Eigenkapital gespart.

- Lage: Düsseldorf
- Größe: 54 Quadratmeter
- Kaufpreis: 180.000 Euro
- Bruttomietrendite 6,3 Prozent
- Zins und Tilgung 6,18 Prozent
- Eigenkapital: rund 38.000 Euro

- Fremdkapital: 160.000 Euro
- Annuität pro Monat: 824 Euro
- Mieteinnahmen pro Monat: 864 Euro
- Rücklagen und Nichtumlagefähige Nebenkosten pro Monat: 100 Euro
- **Ergebnis: minus 60 Euro pro Monat**

Hier wird zwar ein negatives Ergebnis pro Monat erzielt und im Schnitt zahlt die Käuferin 720 Euro pro Jahr drauf. Diese Wohnung rechnet sich trotzdem! Der Trick liegt nämlich im Einkauf. Die Wohnung liegt in einer Düsseldorfer Top-Lage. Die Käuferin hat rund 3.300 Euro pro Quadratmeter gezahlt. Der übliche Preis pro Quadratmeter dort liegt aber bei über 4.200 Euro. Zu diesem Preis kann die Wohnung in zehn Jahren verkauft werden. Mindestens. Das wären 226.500 Euro. Das macht also einen Gewinn von 46.500 Euro. Das gleicht die angelaufenen Verluste in dieser Zeit von 7.200 Euro mehr als aus.

Das heißt: Keine Angst, wenn sich eine Wohnung nicht gleich rechnet! Es kann natürlich sein, dass sie sich nie rechnet. Das erleben wir auch jeden Tag! Es kann aber sein, dass sie sich anders rechnet, als du zuerst denkst. Ich mag an diesem Beispiel besonders, dass es so klar zeigt, dass es kein Drama sein muss, wenn du am Anfang jeden Monat 50 oder 100 Euro draufzahlst.

Fassen wir also nochmal zusammen: Eine Wohnung ist eine Kapitalanlage. Kapitalanlagen gibt es viele. Bei einer Wohnung allerdings ist es so, dass, wenn du sie vermietest, die Miete deine Kosten und Tilgung trägt, sie sich also von selbst abzahlt. Mit einer Wohnung kannst du Geld verdienen, lange bevor sie dir vollständig gehört. Auf diese Weise kannst du den Kredit abbezahlen, ohne monatlich aus deinem ansonsten verdienten Geld oder deinen Ersparnissen etwas dazuzugeben. Das ist bei keiner anderen Kapitalanlage der Fall. Eine Immobilie eignet sich daher wunderbar zum Aufbessern der Rente. Sie ist dein Sparschwein, das dir im Rentenalter dein Eingezahltes mehrfach zurückgibt!

Was taugt noch eine Lebensversicherung?

Von Stefan Kemmler, Honorarberater[87]

Jahrzehntelang war die Lebensversicherung eines der beliebtesten Vorsorgeprodukte in Deutschland. Rein rechnerisch hat praktisch jeder Deutsche eine Lebensversicherung: Es gibt über 80 Millionen Verträge. Insbesondere kurz nach der Wende und im Jahre 2004 – als letzte Möglichkeit, sich eine steuerfreie Auszahlung im Alter zu sichern – wurden Lebensversicherungen verkauft wie warme Semmeln. Versicherer kamen teilweise mit dem Druck von Antragsformularen nicht hinterher. Die Kunden ließen sich von der Aussicht auf hohe Sicherheit verbunden mit einer ordentlichen steuerfreien Verzinsung locken. Das war das Hauptverkaufsargument für Lebensversicherungen zu der Zeit: eine sichere Geldanlage mit vergleichsweiser hoher Garantieverzinsung. Und wenn der Versicherer gut wirtschaftete, kamen noch Überschüsse oben drauf. Und das Ganze steuerfrei. Historisch war die Gesamtverzinsung der deutschen Lebensversicherer damit relativ attraktiv.

Die jahrelang andauernde Niedrigzinsphase ließ die klassische Lebensversicherung – korrekterweise müsste man von „Kapital-Lebensversicherung" sprechen, so heißt das Produkt eigentlich – für die Anbieter allerdings zum Problem werden. Es wurde immer herausfordernder, die versprochenen hohen Garantieleistungen bei den Altverträgen zu erbringen. Einige Versicherer mussten sogar ihre Versicherungsbestände verkaufen, weil sie finanzielle Schwierigkeiten befürchteten. Die Garantieverzinsung fiel derweil wegen der allgemein niedrigen Zinsen mit der Zeit von über vier auf nahezu null Prozent. Neugeschäft ließ sich so natürlich kaum noch machen.

---

87 Mehr Informationen zu Stefan Kemmler findest du im Anhang.

Entwicklung des Garantiezins

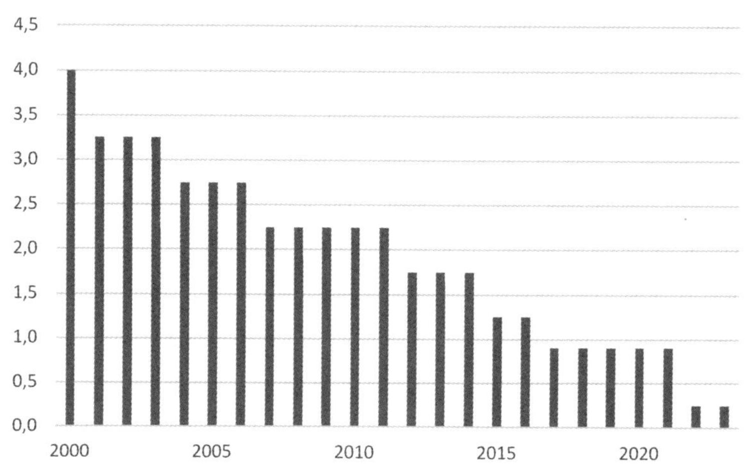

Vom einst üppigen Garantiezins – auch Höchstrechnungszins genannt – ist nicht viel übriggeblieben. Wegen der jahrelangen Niedrigzinsphase wurde er immer weiter nach unten angepasst. Quelle: Bundesfinanzministerium

Versicherer bieten daher nun vor allem Rentenversicherungen an, die entweder zu Rentenbeginn eine einmalige Summe oder eine monatliche Rente auszahlen. Beides ist im Versicherungsvertrag festgelegt. Die Rentenleistungen sowie Kapitalauszahlungen sind steuerpflichtig – ausgenommen sind ausschließlich Kapitalauszahlungen aus Verträgen, die vor 2005 abgeschlossen wurden.

Der Garantiezins steht bei der Rentenversicherung aufgrund der nunmehr geringen Höhe nicht mehr im Vordergrund. Stattdessen lautet das Verkaufsmotto der Versicherer: „Rendite und Sicherheit vereint.“ Das Geld wird nicht nur per se überwiegend konservativ in sichere Anleihen wie bei der klassischen Lebensversicherung angelegt. Sondern der Kunde hat auch die Option, mit mehr Risiko in Fonds oder Ähnliches zu investieren.[88] Das soll für eine höhere Rendite sorgen. Das Ganze kann mit einer Beitragsgarantie kombiniert werden.

88 So gibt es zum Beispiel noch die Indexpartizipation. Das hat aber nichts mit Indexfonds/ETFs zu tun. Dabei handelt es sich vielmehr um ein komplexes Anlagemodell mit zum Beispiel Optionen.

Sie soll – in Anlehnung an das alte Erfolgsmodell der Lebensversicherung – für ein Gefühl der Sicherheit sorgen: Die Versicherung garantiert dabei dem Kunden, dass zumindest seine eingezahlten Beiträge womöglich zuzüglich eines „Mini-Zins" zum Vertragsablauf zur Verfügung stehen.

Vor- und Nachteile einer Rentenversicherung

Auf den ersten Blick wirkt die Rentenversicherung interessant, weil sich mit ihr das sogenannte Langlebigkeitsrisiko absichern lässt. Die Rentenversicherung zahlt die monatliche Rente ein Leben lang. Dadurch kannst du sicherstellen, dass du nicht dein Vermögen überlebst und dadurch in Existenzprobleme gerätst. Die Leistungen der Rentenversicherung sind also gut planbar, wie die Versicherer gerne betonen. Im Gegensatz zu einer Investition an der Börse, wo niemand wirklich sagen könne, was am Ende dabei rauskommt und ob das Ersparte tatsächlich bis ans Lebensende reicht. Zudem müsse man sich nicht um die Geldanlage kümmern und die Leistungen sind sogar steuerlich begünstigt.

Außerdem lassen sich weiterhin die Hinterbliebenen über eine Rentenversicherung absichern – jedoch nicht in dem gleichen Umfang wie bei der Lebensversicherung, die von Beginn an eine feste Todesfallleistung vorsieht: Bei Tod vor Rentenbeginn wird in der Regel das bis dahin gebildete Kapital an die Hinterbliebenen ausgezahlt. Stirbt die versicherte Person nach Rentenbeginn, wird meist die Rente so lange an die Hinterbliebenen weitergezahlt, bis der Versicherte ein bestimmtes Alter erreicht hätte. Das ist aber nur dann der Fall, wenn der Todeszeitpunkt innerhalb eines bestimmten Zeitraums, der sogenannten Rentengarantiezeit (für den Todesfall) des Vertrages, liegt. Ansonsten kommt das vorhandene Restkapital der Versichertengemeinschaft zugute.

Diesen Vorteilen steht allerdings auch eine Reihe von Nachteilen gegenüber. Allen voran sind da die hohen Kosten. Wahrscheinlich glaubst du, dass, wenn du zum Beispiel 100 Euro monatlich in eine Rentenversicherung sparst, auch die vollen 100 Euro angelegt werden. Das ist ein Irrglaube. Der jeweilige Beitrag teilt sich nämlich in folgende drei Beitragsbestandteile auf:

- Kapitalanlage
- Risiko
- Kosten

Der Beitragsbestandteil „Kapitalanlage“ ist der einzige Teil des Beitrags, der wirklich der Kapitalbildung dient. Das restliche Geld ist quasi futsch, da es für Risikoabsicherung wie zum Beispiel der optionalen Beitragsbefreiung bei Berufsunfähigkeit oder Berufsunfähigkeitsrente und Kosten draufgeht.

Bei den Kosten muss man unterscheiden zwischen einmaligen und laufenden Kosten: Schließt du einen Vertrag ab, entstehen einmalige Abschluss- und Vertriebskosten. Davon wird die Provision des Vermittlers finanziert. Diese ist gesetzlich geregelt. Du kannst die Summe ganz einfach selber berechnen:

(Beitrag x Laufzeit) x 2,5 Prozent

Wenn du zum Beispiel 100 Euro im Monat einzahlst und der Vertrag über 30 Jahre läuft, entstehen Abschluss- und Vertriebskosten von 900 Euro. Fast ein Jahr Beitragszahlung geht also für die Kosten drauf – auch wenn sie auf mehrere Jahre verteilt werden. Vor dem Jahr 2008 lag der Multiplikator sogar bei vier Prozent und mehr.

Die zweite Kostenkomponente, die laufenden Kosten, variieren von Versicherer zu Versicherer sowie Vertragsart und sind für die Vertragsverwaltung, die Verwaltung der Kapitalanlage und die Zahlung von Bestandsprovisionen an den Vermittler. In Extremfällen kommen da schnell vier Prozent pro Jahr zusammen. Zur Sicherheit sei nochmal erwähnt, dass diese Kosten von deinen Beiträgen finanziert werden. Das ist alles Geld, das nicht in die Vermögensbildung fließt und sich nicht vermehren kann. Das ist wie Autofahren mit angezogener Handbremse.

Zu den hohen Kosten kommt als Nachteil die überschaubare Rendite, die Rentenversicherungen erzielen. Selbst bei der Wahl der risikoreicheren Variante ist sie in aller Regel mäßig, weil das Geld in vor allem in aktiv gemanagte Fonds fließt, die meistens schlechter abschneiden als der Gesamtmarkt.

Besonders problematisch sind unter Renditeaspekten die Garantien, die die Versicherer anbieten. Das Geld für die Kapitalbildung wird dann – wie bei der alten Lebensversicherung – überwiegend in das Sicherungsvermögen des Versicherers angelegt. Nur ein geringer Teil der Beiträge fließt in die freie Fondsanlage. Das Gros wird sehr konservativ überwiegend in festverzinsliche Wertpapiere investiert. Die Folge: eine mickrige Verzinsung, die teilweise nur ein wenig über der langfristigen Inflationsrate liegt und auch noch vom Kunden im Leistungsbezug zu versteuern ist. Real kommt dann kaum noch etwas bei rum.

Und wenn man ehrlich ist, ist auch der vermeintliche Vorteil der lebenslangen Rentenzahlung überschaubar. Denn wenn du es geschickt anstellst (und dich beraten lässt), kannst du dein Geld auch an der Börse breit gestreut mit geringem Risiko investieren und einen Entnahmeplan für die Rente erstellen, der dafür sorgt, dass dir dein am Kapitalmarkt investiertes Geld nicht ausgeht. Ab Seite 75 konntest du etwas dazu lesen, wie du dein Geld am besten mit ETFs investierst, und auf Seite 99 etwas dazu, wie solche Entnahmestrategien funktionieren. Und natürlich haben auch im Todesfall deine Hinterbliebenen Zugriff auf dein angespartes Geld, wenn du entsprechende Regelungen triffst. Auch der Hinterbliebenenschutz ist also nicht unbedingt ein Argument für die Rentenversicherung.

Nicht unerwähnt will ich einen weiteren Punkt lassen, der oft als Nachteil einer Rentenversicherung genannt wird: Renten- und Lebensversicherungen stellen ein Geldversprechen dar. Die Wahrscheinlichkeit ist zwar gering. Aber dennoch besteht ein Risiko, dass du weniger Geld als gedacht erhältst, wenn dein Versicherer in Schieflage gerät. Im absoluten Extrem kann es sogar sein, dass du gar kein Geld bekommst, wenn dein Versicherer pleitegeht und die entsprechenden Sicherungssysteme nicht (mehr) greifen. Zwar ist oft viel von Garantien zu lesen. Aber zu 100 Prozent sicher ist dein Geld nicht.

Hier noch einmal die Vor- und Nachteile auf einen Blick.

Die Vorteile einer Rentenversicherung sind überschaubar:

- Flexibilität – du kannst zwischen einer Kapital- und Rentenzahlung wählen

- Absicherung des Langlebigkeitsrisikos – wenn du dich für die Rente entscheidest, erhältst du diese ein Leben lang
- Autopilot für das Vermögen – du musst dich nicht um deine Geldanlage kümmern
- Steuerliche Begünstigung – keine Abgeltungssteuer in der Sparphase, Halbeinkünfteverfahren[89] bei Kapitalauszahlung, Ertragsanteilbesteuerung[90] bei der Rente
- Partielle Hinterbliebenenabsicherung

Dagegen sind die Nachteile einer Rentenversicherung vielschichtig:

- Vehikelrisiko – wenn der Versicherer pleitegeht, ist dein Geld nicht zu 100 Prozent sicher (Übrigens: Fondsvermögen ist zwar weiterhin Sondervermögen, aber nicht deins, sondern das des Versicherers.)
- Hohe Kosten – diese reduzieren deine Rendite erheblich (Übrigens: Ausländische Versicherer unterliegen nicht dem Lebensversicherungsreformgesetz, sodass deren Kosten deutlich höher als bei deutschen Versicherern sind.)
- Beitragsgarantien – dadurch verpasst du die Chancen des Kapitalmarktes, wenn du genug Zeit hast
- Oft dysfunktionale und intransparente Anlagekonzepte – die vermeintlich ausgeklügelten Anlagemodelle gehen nicht auf und du kannst nur schwer überblicken, was mit deinem Geld wirklich passiert
- Umschichtung des Fondsvermögen in der Regel in das Sicherungsvermögen des Versicherers zum Rentenbeginn – du kannst im Rentenbezug nur eine geringe Rendite erwarten, was sich wiederum negativ auf deine Rentenhöhe auswirkt

---

89 50 Prozent des Ertragsanteils ist bei der Kapitalauszahlung steuerfrei, wenn der Vertrag mindestens zwölf Jahre bestanden hat und frühestens zum 62. Lebensjahr ausgezahlt wird. Bei Verträgen, die vor 2012 abgeschlossen wurden, gilt noch das 60. Lebensjahr.

90 Die Höhe des steuerpflichtigen Anteils der lebenslangen Rente hängt vom dem deinem Alter zu Beginn des Rentenbezugs ab. Gemäß der im Einkommensteuergesetz dafür definierten Tabelle liegt der Ertragsanteil bei Rentenbeginn beispielsweise zum 65. Lebensjahr bei 18 Prozent. Du musst dann also nur 18 Prozent der Rente mit deinem persönlichen Steuersatz versteuern.

- Geringe Rentenhöhe – die Zusatzrente reicht wahrscheinlich überhaupt nicht aus
- Sehr hohe Lebenserwartung nötig – du musst teils utopisch alt werden, damit überhaupt mindestens dein eingezahltes Kapital ohne Verzinsung und ohne Inflationsausgleich an dich zurückgeflossen ist
- Trügerische Hinterbliebenenleistung – je nach Ausgestaltung und wann du stirbst, wird nicht dein komplettes Vermögen vererbt, sondern kommt der Versichertengemeinschaft, also Fremden, zugute

Du merkst: Ich bin kein großer Fan dieser Versicherungsprodukte. Ich halte sie für teure, intransparente und mäßig flexible Produkte mit nur einer geringen Rendite. Aber natürlich kann eine Rentenversicherung unter den später erwähnten Voraussetzungen als risikoarmer und langfristiger Liquiditätsbaustein dienen, um den du dich nicht kümmern musst, in deine Altersvorsorge integriert werden. In Abhängigkeit der Ausgestaltung der Hinterbliebenenleistung kann die Absicherung derer, die dir am Herzen liegen, ein weiterer Aspekt sein.

Wenn für dich trotz der genannten Nachteile die Vorteile überwiegen, dann achte beim Abschluss zumindest auf ein paar Punkte. So solltest du grundsätzlich auf gar keinen Fall eine Rentenversicherung bei einem normalen Vermittler (Banker, Finanzberater, Versicherungsmakler oder -vertreter) abschließen, der auf Provisionsbasis tätig ist. Denn die Gefahr ist zu groß, dass du die oben genannten Nachteile in vollem Umfang ausschöpfst, weil der Berater nur an seine Provision und nicht an deinen Vorteil denkt. Er vermittelt dir also nicht das für dich beste Produkt, sondern das Produkt, an dem er am meisten verdient.

Wende dich stattdessen lieber an einen Honorarberater. Honorarberater leben nicht von Provisionen, sondern werden von ihren Kunden wie ein Steuerberater oder Rechtsanwalt bezahlt. Das kostet dich zwar Geld, dafür kannst du sicher sein, unabhängig beraten zu werden. Im Falle einer Rentenversicherung wird dir ein Honorarberater dann eine für dich passende Nettopolice heraussuchen. Eine Nettopolice ist ein Vertrag, der keine Provisionen enthält. Dabei solltest du auf Folgendes achten:

- Finanzstarker Versicherer
- Geringe Kosten
- Vergleichsweise hohe Rente
- Verständliche Kapitalanlage z. B. mit Indexfonds/ETFs
- Kapitalanlage passend zu deinem Risikoprofil
- Abhängig vom Anlagehorizont keine Beitragsgarantie
- Flexible Entnahmemöglichkeiten
- Deckung deines realen Liquiditätsbedarfs
- Passende Hinterbliebenenleistung
- Vermögensbildung und Risiko voneinander trennen, auch wenn es sich gut anhört, dass du mit nur einem Vertrag sämtliche Risiken abdecken kannst. Gerätst du temporär in finanzielle Schwierigkeiten und bist daher gezwungen, den Vertrag ruhend zu stellen, verlierst du auch deinen Versicherungsschutz für zum Beispiel eine optional integrierte Berufsunfähigkeitsrente.

Was mache ich mit meinen alten Verträgen?

Bleibt die Frage, was du machst für den Fall, dass du schon eine Lebens- oder Rentenversicherung hast. Vielleicht hatten ja deine Eltern eine für dich abgeschlossen und u hast sie übernommen. Oder du hast selber vor Jahren einen Vertrag unterzeichnet. Womöglich fragst du dich jetzt, ob es bei all den Nachteilen noch sinnvoll ist, sie zu behalten oder ob es nicht andere Möglichkeiten gibt.

Die Frage ist leider nicht ganz einfach zu beantworten. Grundsätzlich hast du als Optionen: fortführen, stilllegen, kündigen oder verkaufen. Aber was davon sinnvoll ist, hängt sehr stark von deinem Vertrag und den Konditionen ab. Faktoren wie Rückkaufswert, Fortführungsrendite, Stilllegungsrendite und Rendite einer alternativen Geldanlage spielen hier eine Rolle – um mal ein paar Schlagworte in den Raum zu werfen, ohne jetzt ins Detail zu gehen, was sie im Einzelnen bedeuten. Aber ich denke, du merkst, dass die Beendigung einer solchen

Versicherung keine einfache Sache ist. Hier solltest du dich unbedingt von einem Honorarberater beraten lassen. Denn selbst, wenn es auf den ersten Blick so aussieht, dass eine Kündigung oder ein Verkauf mit Verlusten verbunden ist, kann es sich doch durchaus lohnen. Denn du darfst nicht vergessen: Das erhaltende Geld kannst du dann neu und mit höherer Rendite investieren – und so die Verluste wieder ausgleichen und am Ende sogar mehr herausbekommen.

Zudem kann dich vielleicht auch ein auf Versicherungsrecht spezialisierter Jurist unterstützen. Denn Verträge, die zwischen den Jahren 1994 und 2007 – manche auch außerhalb dieses Zeitraums – abgeschlossen wurden, können fehlerhafte Widerrufsbelehrungen enthalten, wie der Bundesgerichtshof vor Jahren entschieden hat. In dem Fall hast du ein unbefristetes Widerrufsrecht und kannst die Rückabwicklung deines Vertrages erklären. Man spricht hier auch vom „Widerrufsjoker". Der Versicherer ist in der Pflicht, die eingezahlten Beiträge zuzüglich Abschlusskosten und Entschädigungsverzinsung abzüglich Risikokosten auszubezahlen. In der Regel stellst du dich damit besser als bei einer Kündigung.

Die Betriebsrente als zweite Säule der Altersvorsorge

Von Christian Lange, Leiter Kundenbetreuung beim VZ VermögensZentrum[91]

Die betriebliche Altersvorsorge ist die sogenannte zweite Säule bei der Rente – neben der gesetzlichen Rente als erster und der privaten Altersvorsorge als dritter Säule. Das Besondere an der Betriebsrente ist, dass es zum einen große Steuervorteile gibt und der Arbeitgeber außerdem Zuschüsse zahlt. Das macht sie attraktiv. Aber alles der Reihe nach.

Es ist erst mal kein neues Phänomen, dass Unternehmen Gelder bereitstellen, um ihre Arbeiter und Angestellten sowie deren Hinterbliebene finanziell zu unterstützen. Im 19. Jahrhundert schufen vereinzelte Bergbau-, Seefahrt- und Eisenbahngesellschaften und spätere Großkonzerne erste betriebliche Vorsorgeeinrichtungen. Es folgten individuelle Vereinbarungen und Tarifverträge für bestimmte Berufsgruppen.

Mit dem „Gesetz zur Verbesserung der betrieblichen Altersversorgung" wurde die Betriebsrente 1974 einheitlich geregelt. Einen gesetzlichen Anspruch auf eine Betriebsrente bekamen Arbeitnehmer im Jahr 2002. Ziel der damaligen Rentenreform war es, dass die Arbeitnehmer mit einer betrieblichen Zusatzversorgung, die durch Zulagen oder steuerlich absetzbare Sonderausgaben gefördert wird, ihre Rentenlücken schließen. Seitdem haben grundsätzlich alle pflichtversicherten „abhängig Beschäftigten" das Recht, Teile ihres Bruttogehalts sowie Sonderzahlungen im Rahmen einer sogenannten Entgeltumwandlung in eine betriebliche Altersvorsorge (bAV) einzuzahlen. Das

91 Mehr zu Christian Lange und dem VZ VermögensZentrum erfährst du im Anhang.

heißt: Wenn der Arbeitnehmer nicht von sich aus eine bAV anbietet, frag einfach nach, wenn dich das Thema interessiert (und das sollte es, wie du gleich näher erfahren wirst). Denn grundsätzlich hat wie gesagt jeder Arbeitnehmer das Recht, an einer bAV über den Arbeitgeber teilzunehmen. Der Arbeitgeber ist verpflichtet, einem solchen Wunsch nachzukommen.

Zuschüsse und Steuervorteile bei der bAV

Eine Betriebsrente ist aus mehreren Gründen attraktiv. Da sind zum einem die Zuschüsse vom Arbeitgeber: Seit 2019 (bei Altverträgen erst seit 2022) ist der Arbeitgeber gesetzlich verpflichtet, einen Zuschuss zur betrieblichen Altersvorsorge zu leisten. Das ist nur fair, schließlich spart er bei einer Entgeltumwandlung bei den Sozialabgaben ein.[92] Die Höhe des Zuschusses liegt bei mindestens 15 Prozent der Beiträge, die eingezahlt werden.

Doch vor allem bietet die bAV einen großen Steuervorteil. Das ist der Clou an der ganzen Sache. Der Steuervorteil kommt über die sogenannte Entgeltumwandlung bzw. Gehaltsumwandlung zustande. Das heißt, dass deine Beiträge direkt von deinem Bruttogehalt abgehen und in den bAV-Vertrag fließen. Statt zum Beispiel einem Monatseinkommen 3.500 Euro musst du nur noch 3.350 Euro versteuern.

Boni und Sonderzahlungen wie zum Beispiel Urlaubs- oder Weihnachtsgelder kannst du ebenfalls bis zu einer bestimmten Höhe pro Jahr in die betriebliche Altersvorsorge einzahlen, ohne dass darauf Einkommensteuern oder Sozialabgaben anfallen.

Wie hoch die Summe ist, die du in die Betriebsrente einzahlen kannst, hängt von der Art ihrer Organisation ab. Da gibt es verschiedene

---

92 Durch die Entgeltumwandlung „sinkt" der Lohn des Beschäftigten. Entsprechend fallen auch die absoluten Beiträge des Arbeitgebers zum Beispiel zur Arbeitslosenversicherung geringer aus. Eine kleine Beispielrechnung verdeutlicht es: Ohne bAV lieg der Lohn bei 2.000 Euro. Der Beitrag zur Arbeitslosenversicherung für den Arbeitgeber liegt bei 1,3 Prozent. Das macht also 26 Euro. Nun schließt der Angestellte einen bAV-Vertrag ab und zahlt jeden Monat 100 Euro. Der Lohn „fällt" dadurch auf 1.900 Euro. Der Arbeitgeber zahlt zwar weiterhin 1,3 Prozent für die Arbeitslosenversicherung. Aber jetzt muss er nur noch 24,70 Euro überweisen.

Modelle.[93] Eins davon ist die Pensionszusage. Sie ist vor allem bei größeren Unternehmen zu finden und richtet sich besonders an die Führungskräfte. Hier kann unbegrenzt steuerfrei vom Gehalt gezahlt werden. Bei keiner anderen Durchführungsform können so hohe Beträge eingezahlt werden und damit eine bedarfsgerechte Altersversorgung aufgebaut werden. Ein flexibles Pensionszusagekonzept bietet weitere Steuervorteile, zum Beispiel durch jährlich anpassbare Beitragshöhen und Auszahlungsoptionen wie Einmalkapital, Raten und lebenslange Rente.

Deutlich verbreiteter ist allerdings die Direktversicherung. Vor allem kleine und mittlere Unternehmen schließen dabei einfach bei einem Versicherer Einzelverträge oder einen Gruppenvertrag für ihre Mitarbeiterinnen und Mitarbeiter ab, oder diese schließen direkt einen Vertrag mit dem Versicherer. Beim Durchführungsweg der Direktversicherung sind die Möglichkeiten für eine für steuer- und sozialabgabenfreie Gehaltsumwandlung begrenzt. Die maximale Höhe richtet sich nach der Beitragsbemessungsgrenze für die gesetzliche Rentenversicherung. Im Jahr 2023 lag sie bei 87.600 Euro. Du kannst steuerfrei höchstens eine Summe umwandeln, die bis zu acht Prozent dieses Wertes entspricht. Im Jahr 2023 waren das bis zu 7.008 Euro im Jahr. Sozialabgabenfrei sind aber nur bis zu vier Prozent. Das wären also 3.504 Euro.[94]

Schauen wir uns das Ganze mal in einer Beispielrechnung an: Melanie (nicht verheiratet, kein Kind) verdient 72.000 Euro im Jahr. In ihre Betriebsrente fließt der steuer- und abgabenfreie Höchstbetrag (vier Prozent der Beitragsbemessungsgrenze), also 3.504 Euro. Das sind 292 Euro im Monat. Ihr Arbeitgeber zahlt davon einen Zuschuss von 15 Prozent. Das sind also rund 44 Euro.

Durch die Gehaltsumwandlung in Höhe von 248 Euro reduziert sich Melanies Bruttolohn. Sie muss nicht mehr 6.000 Euro im Monat versteuern, sondern nur noch 5.752 Euro. Das ergibt eine Steuerersparnis

---

93 Insgesamt gibt es fünf Durchführungswege, die sich vor allem in den Anlagerichtlinien, in der Finanzierung sowie der Höhe von Einzahlungen und maximal abziehbarer Steuern und Sozialversicherungsbeiträge unterscheiden. Neben den beiden hier näher beschrieben Durchführungswegen der Pensionszusage und der Direktversicherung gibt es noch die Pensionskasse, die Unterstützungskasse und den Pensionsfonds.

94 Es gibt auch einen Mindestbetrag: Er lag 2023 bei 254,33 Euro im Jahr.

von rund 129 Euro. Unterm Strich zahlt Melanies Arbeitsgeber also monatlich 292 Euro ein, Melanie selber muss aber nur 119 Euro beisteuern, der Rest kommt durch die Steuerersparnis und den Zuschuss ihres Arbeitgebers.

Mit Zuschuss und Steuervorteil

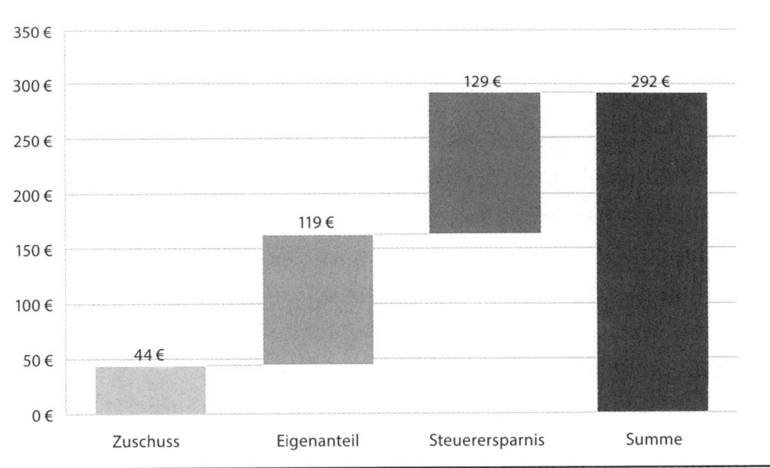

Die Beispielrechnung zeigt, wie bei der Betriebsrente Zuschüsse und Steuervorteil beim Vermögensaufbau helfen. Quelle: VZ VermögensZentrum

Du siehst den Vorteil: Da die Betriebsrentenbeiträge aus dem Brutto stammen, wird bei gleichem Aufwand mehr Kapital angespart als beim freien Sparen aus dem Netto.

Wenn du dich nicht gerne um deine Finanzen kümmerst, bietet die Betriebsrente neben den Zuschüssen und der Steuerersparnis noch einen dritten Vorteil: Die Betriebsrente wird vom Unternehmen organisiert. Du brauchst dich also sich um nichts zu kümmern. Die Beträge werden einfach vom Bruttogehalt einbehalten und direkt in die Betriebsrente eingezahlt. Du musst auch nicht den ganzen Markt nach passenden Anbietern absuchen. Der Arbeitgeber entscheidet selbst, mit welchem Anbieter er für die bAV zusammenarbeiten möchte (oder ob er sie selbst organisiert). Das kann natürlich eine etwas zweischneidige Sache sein. Der Versicherungsmarkt in Deutschland ist weiterhin provisionsgetrieben und entsprechend teuer. Unter Umständen ist der Partner nicht unbedingt der beste und günstigste. Ein bisschen Arbeit hast du also schon, wenn du dir Gedanken über eine bAV machst. Dabei solltest du auch nicht vergessen, dass die Kündigung eines bAV-Vertrags in der Regel nicht möglich ist; er kann aber beitragsfrei gestellt werden.

Mit welchen Leistungen du bei der Betriebsrente rechnen kannst

Im Alter kannst du dir deine Betriebsrente entweder auszahlen lassen[95] (die Auszahlung muss einmalig versteuert werden) oder sie in eine lebenslange Rente umwandeln. Das geschieht über einen Umwandlungssatz. Hierfür wird geschaut, wie viel Geld du angespart hast. Über den Umwandlungssatz wird dann daraus die monatliche Zahlung abgeleitet. In diesen Umwandlungssatz fließt zum Beispiel so etwas wie die Lebenserwartung ein. Das Langlebigkeitsrisiko wird über die Versicherungsgemeinschaft aufgefangen.

Jetzt stellst du dir vielleicht die Frage, welche Rendite du neben den Steuervorteilen von einer Betriebsrente erwarten kannst. Die Antwort ist leider etwas ernüchternd. Denn bei der Betriebsrente gibt es eine Beitragsgarantie. Das heißt: Im Alter hast du mindestens die Summe der eingezahlten Beiträge zur Verfügung. Diese Sicherheit schmälert allerdings die Renditechancen. Denn deine Beiträge können nur sehr vorsichtig ohne großes Risiko angelegt werden. Nur ein kleiner Teil kann in Aktien oder ETFs fließen, der Rest liegt vor allem in Anleihen. Außerdem drücken die Abschlussprovision und hohe laufende Gebühren auf die Rendite. Die Betriebsrente ist also ein defensiver Anlagebaustein. Renditewunder kannst du keine erwarten.

Geschmälert wird die Rendite bei der bAV noch durch eine andere Sache: Auf die Betriebsrente fallen nachgelagert Steuern an. Anders als gesetzliche Renten sind Betriebsrenten vollumfänglich zu versteuern. Dazu nochmal kurz zur Erinnerung: Die gesetzliche Rente wird

---

95 Die Auszahloption eröffnet ganz interessante Möglichkeiten: Du könntest zum Beispiel ein Jahr früher aufhören zu arbeiten und das Jahr bis zur Rente mit dem Geld aus der Auszahlung überbrücken. Dazu solltest du dich natürlich vorher nochmal beraten lassen.

erst nach und nach voll steuerpflichtig. Bis zum Jahr 2060 bleibt ein immer kleiner werdender Teil steuerfrei. Die Betriebsrente musst du dagegen zu 100 Prozent versteuern.

Dazu kommen Beiträge zur gesetzlichen Kranken- und Pflegeversicherung. Auch hier gibt es einen Unterschied zur gesetzlichen Rente. Die Rentenversicherung übernimmt ja bei gesetzlich Versicherten die Hälfte des Beitrags, wenn du dich an Kapitel Steuern und Krankenversicherung im Alter zurückerinnerst. Diese Unterstützung gibt es aber nicht für die Zahlungen aus der Betriebsrente. Das heißt, du musst den fälligen Krankenkassenbeitrag für diese Zahlungen komplett alleine tragen. Das Gleiche gilt für die Pflegeversicherung, wobei es hier keinen Unterschied zur gesetzlichen Rente gibt. Denn anders als bei der Krankenversicherung steuert die Rentenversicherung nichts zur Pflegeversicherung bei.

Nicht unerwähnt darf noch eine weitere Sache bleiben. Sie ist sozusagen die Kehrseite der Gehaltsumwandlung. Zwar ist es natürlich auf der einen Seite schön, Steuern zu sparen. Der Nachteil ist allerdings, dass durch den geringeren Bruttolohn auch die Beiträge zu den Sozialversicherungen niedriger ausfallen. Denn sie richten sich nach dem Nettolohn. Das heißt, du zahlst weniger in die Rentenkasse (und auch zum Beispiel in die Arbeitslosenversicherung) ein. Das schmälert deine gesetzliche Rente später.

Unterm Strich ist aber die bAV trotz dieser Wermutstropfen eine gute und risikoarme Möglichkeit der privaten Altersvorsorge. Zwar ist die Rendite nicht besonders hoch, aber die Zuschüsse und Steuervorteile sind sehr attraktiv.

Was beim Jobwechsel mit der bAV passiert

Bleibt die Frage, was passiert, wenn du den Job wechselst. Das ist eigentlich kein Problem: Die betriebliche Altersversorgung aus Entgeltumwandlung ist immer sofort gesetzlich unverfallbar. So steht es im Betriebsrentengesetz. Das heißt: Bei einem Arbeitgeberwechsel ist der Anspruch auf die Versorgungsleistung aus den eingezahlten Beiträgen gesichert, die der Arbeitnehmer selbst eingezahlt hat.

Allerdings gibt es eine kleine Einschränkung, damit diese Bestimmung greift: Sofern nichts anderes geregelt wurde, muss die Mitarbeiterin oder der Mitarbeiter mindestens 25 Jahre alt sein und die Versorgungszusage seit fünf Jahren oder länger bestehen. Bei Abschlüssen nach 2018 wurden diese Grenzen auf drei Jahre und ein Mindestalter von 21 Jahren gesenkt.

Innerhalb eines Jahres nach Ausscheiden kann man den bAV-Vertrag zum neuen Arbeitgeber übertragen. Bei der Übertragung können Gebühren anfallen. Bei mehreren Arbeitgeberwechseln wäre es sonst unvorteilhaft, wenn man eine ganze Reihe an bAV-Verträgen hat.

Mit der Rürup-Rente Steuern sparen und vorsorgen

Von Andreas Limoser, Direktor, VZ VermögensZentrum[96]

Die Rürup-Rente, um die es in diesem Teil gehen soll, ist eine interessante staatlich geförderte Altersvorsorge. Bei keiner anderen Form können Vorsorgesparer so hohe Beträge einzahlen und auch noch vollumfänglich von der Steuer absetzen. Trotzdem hat die Rürup-Rente (offiziell heißt sie Basisrente) keinen guten Ruf. Denn die meisten Angebote sind teure Versicherungen, deren hohe Gebühren Rendite und Alterskapital schmälern. Besser ist die Umsetzung mit Wertpapieren.

Aber der Reihe nach! Die Rürup-Rente entstand im Zuge der Reformen, mit denen die Politik eine private Altersvorsorge fördern wollte. So verabschiedete im Jahr 2001 die damalige Bundesregierung das „Gesetz zur Reform der gesetzlichen Rentenversicherung und zur Förderung eines kapitalgedeckten Altersvorsorgevermögens", kurz Altersvermögensgesetz (AVmG). Eines der Ergebnisse war, das umlagefinanzierte System der gesetzlichen Rentenversicherung durch eine kapitalgedeckte Altersversorgung zu ergänzen. Seitdem kannst du, wenn du Angestellter bist, mit Riester-Verträgen vorsorgen, für die es Zuschüsse vom Staat gibt. Und du kannst steuergünstig einen Teil deines Bruttogehalts in die betriebliche Altersversorgung (bAV) einzahlen. Man spricht hier von „Entgeltumwandlung". Auf Seite 122 erfährst du mehr dazu.

Für alle, die nicht in der gesetzlichen Rentenversicherung pflichtversichert sind, greifen diese Möglichkeiten aber nicht. Dazu gehörten zum Beispiel Selbstständige, Unternehmer, Freiberufler und Berufsgruppen mit eigenen Versorgungswerken.

---

96 Mehr Informationen zu Andreas Limoser und dem VZ VermögensZentrum findest du im Anhang.

Bereits im Jahr 2002 wurde daher eine Expertenkommission unter der Leitung des Sozialwissenschaftlers Bert Rürup damit beauftragt, für diese Gruppe eine staatlich geförderte, kapitalgedeckte Altersvorsorgelösung zu konzipieren. Drei Jahre später ging als Ergebnis dieser Beratungen die Basisrente an den Start. Nach ihrem geistigen Vater wird sie landläufig als Rürup-Rente bezeichnet.

Die Rürup-Rente ist aber nicht nur etwas für Selbstständige. Das ist ein häufiger Irrglaube, an dem nichts dran ist. Jeder, der seine Altersvorsorge steuerbegünstigt aufbauen oder ergänzen möchte, kann die Vorteile nutzen. Das heißt, egal, ob du Angestellter, Beamtin oder Selbstständiger bist, dir steht die Rürup-Rente offen. Du musst auch nicht exorbitant verdienen. Sie lohnt sich allerdings besonders bei einem hohen Einkommen, weil dann der Steuervorteil umso größer ist. Wem der Aufbau eines weiteren Altersvorsorgebausteins wichtig ist, der sollte prüfen, ob die Rürup-Rente als interessante Lösung infrage kommt.

Wie die Rürup-Rente funktioniert

Was hat es mit der Rürup-Rente auf sich und was ist das Besondere daran? Nun, anders als die gesetzliche Rentenversicherung ist die Rürup-Rente eine kapitalgedeckte Altersvorsorge. Das heißt, du zahlst Beiträge in deinen individuellen Rürup-Vertrag ein. Das kann eine (meist teure) Versicherung sein oder ein Fondssparplan, der vom Bundesamt für Steuern für die Rürup-Rente zertifiziert ist. Auch kostengünstige ETF-Sparpläne sind darunter. Dazu gleich noch ein bisschen mehr. Aus dem eigenen aufgebauten Kapital erhältst du dann eine lebenslange Rürup-Rente.[97] Je mehr du einzahlst, desto höher ist deine monatliche Rente. Ein Kapitalwahlrecht gibt es – wie bei der gesetzlichen Rentenversicherung auch – nicht. Das angesparte Kapital kannst du dir also nicht – vorzeitig oder zur Pensionierung – auf einen Schlag auszahlen lassen, sondern es wird lebenslang als monatliche Leibrente ausbezahlt.

97 Wenn du dich jetzt fragst, wie das sein kann, denn das angesparte Geld kann ja irgendwann aufgebraucht sein: Die Erklärung ist, dass das Langlebigkeitsrisiko die Versicherungsgemeinschaft trägt.

Was die Rürup-Rente so interessant für die Altersvorsorge macht, ist ihr Steuervorteil: Die Beiträge sind bis zu einer Obergrenze steuerlich absetzbar. Der maximal absetzbare Betrag ändert sich jedes Jahr. 2023 dürfen Ledige bis zu 26.528 Euro pro Jahr steuerfrei einzahlen, Ehepaare mit 53.056 Euro das Doppelte. Diese Summe entspricht dem aktuellen jährlichen Höchstbeitrag zur knappschaftlichen Rentenversicherung. Dieser Betrag darf zu 100 Prozent als Sonderausgabe in der Steuererklärung angesetzt werden. Kleiner Wermutstropfen: Der Höchstbetrag wird bei Freiberuflern allerdings um die Beiträge zum berufsständischen Versorgungswerk und bei Angestellten um die Arbeitgeber- und Arbeitnehmerbeiträge zur gesetzlichen Rentenversicherung gekürzt.

Besonders wenn du viel verdienst, kannst du auf diese Weise deine Steuerlast enorm reduzieren. Du kannst monatlich einzahlen oder auch – wenn es der Vertrag zulässt – Sonderzahlungen leisten, zum Beispiel bei Boni, Weihnachts- oder Urlaubsgeld. Bei einem flexiblen Vertrag können deine Sparraten auch in den ersten Jahren der Berufstätigkeit oder nach der Unternehmensgründung niedriger sein, und in den letzten 10 bis 15 Jahren vor dem Ruhestand, wenn das Einkommen in der Regel am höchsten ist, kannst du höhere Sparraten leisten.

Auf diese Weise kannst du schnell einige Tausend Euro sparen, wie die Beispiele zeigen.

Beispiel 1: Ergebnis mit Steuerersparnis und Wertpapierrendite

Ein heute 45-Jähriger spart 500 Euro pro Monat, um bis 67 rund 200.000 Euro anzusparen. Dabei bringt er nur einen Teil selbst auf (siehe Grafik): Bei einem Grenzsteuersatz von 42 Prozent zahlt er netto insgesamt rund 77.000 Euro ein. Der Großteil ergibt sich aus dem Steuervorteil (55.000 Euro) und den Kapitalerträgen (75.000 Euro), die in der Ansparphase abgeltungssteuerfrei sind.

Aus dem Alterskapital erhält er ab 67 lebenslang 572 Euro pro Monat Rente (bei 10-jähriger Rentengarantiezeit)[98], mit Überschussbeteiligung 737 Euro. Bei einem Rentenbeginn im Jahr 2045 und einem Grenzsteuersatz von 30 Prozent sind dies netto 413 bzw. 533 Euro.

98 Was die Rentengarantiezeit ist, dazu später mehr.

Beim Sparen von Steuervorteilen und Wertpapierrenditen profitieren

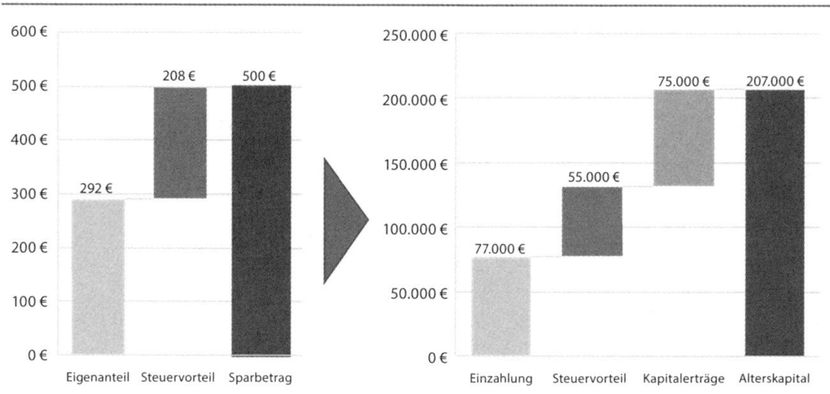

Mit 292 Euro Eigenanteil können dank des Steuervorteils in diesem Rechenbeispiel 500 Euro pro Monat angespart und angelegt werden. Quelle: VZ VermögensZentrum; Annahmen: 45-Jähriger spart bis 67; Beiträge gerundet, Aktienquote 70 %, Nettorendite 3,86 %, Grenzsteuersatz 42 %

Beispiel 2: Steuern sparen und mehr Rente

Die Steuerersparnis bei der Rürup-Rente wirkt sich selbst dann stark aus, wenn die Höchstbeträge nicht ausgeschöpft werden und die Anspardauer nur zehn Jahre beträgt. Beispiel: Ein 53-jähriges Ehepaar möchte mit 63 in Rente gehen. Von ihrem zu versteuernden Einkommen von insgesamt 110.000 Euro wollen sie zehn Jahre lang 12.000 Euro pro Jahr in eine Rürup-Rente einzahlen, insgesamt also 120.000 Euro. Bei einem Steuersatz von 42 Prozent in der Ansparphase speisen sich 53.020 Euro – also rund 40 Prozent der Beiträge, die sie leisten müssen – aus der Steuerersparnis. Lediglich 66.980 Euro muss das Paar faktisch ansparen. Die Verzinsung des Vorsorgekapitals wird konservativ mit drei Prozent pro Jahr angenommen (alle Werte ohne Kosten und Gebühren). Die Rürup-Rente des Ehepaars beträgt dann 6.323 Euro pro Jahr brutto. Bei einem angenommenen Steuersatz von 35 Prozent im Ruhestand sind dies 4.353 Euro netto.

Steuern sparen und mehr Rente

Beiträge brutto	120 000 €
Steuervorteil	53 020 €
Beiträge netto	66 980 €
Lebenslange Rente brutto p.a.	6 323 €
Lebenslange Rente netto p.a.	4 353 €

Der Steuervorteil bei der Basisrente ist nicht zu unterschätzen: Fast 40 Prozent der Beiträge speisen sich in diesem Beispiel aus der Steuerersparnis. Quelle: VZ VermögensZentrum; Annahmen: Ehepaar (beide 53 Jahr, geplanter Rentenbeginn mit 63 Jahren, zu versteuerndes Einkommen 110.000 Euro) zahlt 10 Jahre lang 12.000 Euro pro Jahr ein; Verzinsung Vorsorgekapital 3 %, Steuersatz 42 % (Ansparphase) bzw. 35 % (Rentenphase; ohne Kosten und Gebühren)

Den Rentenbeginn kannst du bei der Rürup-Rente selbst festlesen. Der frühester Rentenbeginn ist allerdings mit 62, der späteste mit 75 Jahren. Dann startet die Auszahlphase und du bekommst eine monatliche Summe aus deiner Rürup-Rente. In der Auszahlphase ist es allerdings vorbei mit den Steuervorteilen: Die Rürup-Rente wird zum gleich hohen Anteil besteuert wie die gesetzliche Rente. Wie hoch der Anteil ist, hängt vom Jahr des Renteneintritts ab: Bei einem Rentenbeginn 2023 muss die Rürup-Rente lebenslang zu 83 Prozent mit dem dann gültigen individuellen Steuersatz des Anlegers versteuert werden und 17 Prozent bleiben steuerfrei. Das bedeutet, dass – wie bei der gesetzlichen Rente – der Betrag in Euro, der im Jahr des Rentenbeginns steuerfrei ist, lebenslang festgeschrieben ist. Mit jedem neuen Rentnerjahrgang steigt der zu versteuernde Anteil um 0,5 Prozent pro Jahr. Wer dann 2058 in Rente geht, muss die Rürup-Rente zu 100 Prozent versteuern. Vorteil: Der persönliche Steuersatz ist im Ruhestand in der Regel geringer als im Berufsleben.

Die Rürup-Rente hat neben dem Steuervorteil noch andere Pluspunkte. Deine Einzahlungen sind vor Insolvenz und Pfändung geschützt. Sollte der Anbieter der Rürup-Rente insolvent gehen, bleibt dein Guthaben erhalten. Auch ist die Rürup-Rente eine unpfändbare Form der Altersvorsorge: Wenn es bei dir also nicht so läuft wie geplant und du Insolvenz anmelden musst, weil zum Beispiel deine Selbstständigkeit oder Freiberuflichkeit scheitert, ist dein über die Rürup-Rente angespartes Kapital in einem gewissen Rahmen vor Gläubigern geschützt. In der Auszahlphase ist die Rürup-Rente bis zum pfändungsfreien Existenzminimum von 909 Euro pro Monat gesichert. Auch wird das Rürup-Kapital nicht auf das Arbeitslosengeld II angerechnet.

Es gibt außerdem einen Hinterbliebenenschutz. Normalerweise enden die Rentenzahlungen mit dem Tod des Versicherten. Stirbt er allerdings in der Ansparphase, so erhält der hinterbliebene Ehepartner den angesparten Beitrag („Beitragsrückgewähr"). Alternativ kann die vereinbarte Leistung im Todesfall auch in einen zertifizierten Basisrentenvertrag des überlebenden Ehegatten oder Lebenspartners übertragen werden.

Dieser Schutz hat jedoch seine Grenzen: Stirbt der Versicherte nach Rentenbeginn, entfällt die Rentenzahlung. In einer Zusatzversicherung kann aber ein Hinterbliebenenschutz vereinbart werden: Hier gibt es etwa die Möglichkeit, für einen bestimmten Zeitraum eine Rentengarantiezeit zu vereinbaren. Das können zum Beispiel 15 Jahre sein. Stirbt der Versicherte innerhalb dieser 15 Jahre, kann das noch ausstehende Kapital an den hinterbliebenen Ehepartner, eingetragenen Lebenspartner oder auch an die Kinder verrentet werden. Sie erhalten dann eine kleine Zusatzrente jeden Monat. Die Höhe ergibt sich aus den verbliebenen Jahren der Rentengarantiezeit. Das können dann noch Leistungen im Umfang von zum Beispiel 14 Jahren sein, wenn der Versicherte eher zu Beginn der Garantiezeit stirbt, oder nur von wenigen Jahren, wenn der Todesfall eher gegen Ende eintritt. Ähnlich funktioniert die Absicherung über die sogenannte Restkapitalabfindung. Oder man kann vereinbaren, dass die vereinbarte Leistung im Todesfall an den Ehegatten oder Lebenspartner übertragen wird, wenn diese auch einen Basisrentenvertrag haben. Diese Einzahlung erhöht dann später in der Rentenphase die monatlichen Zahlungen des Begünstigten.

Geringe Flexibilität als Nachteil

Nicht verschwiegen werden dürfen allerdings die Nachteile der Rürup-Rente. Die gibt es natürlich auch. Denn anders als andere Vorsorgeformen wie das private Sparen ist die Rürup-Rente nur bedingt flexibel.

Du kannst einen Rürup-Vertrag nicht kündigen, ein Wechsel des Anbieters ist in der Ansparphase bzw. zum Rentenbeginn bei bestimmten Anbietern aber möglich.

Auch kannst du die vereinbarte Beitragshöhe nicht in jedem Vertrag einfach anpassen. Du kannst den Vertrag aber beitragsfrei stellen, wenn du dir zum Beispiel als Selbstständiger wegen schlechter Auftragslage die Beiträge nicht leisten kannst. Du solltest auch wissen, dass du die Ansprüche aus dem Rürup-Vertrag nicht vererben, beleihen oder verkaufen kannst. Du kannst dir das Kapital auch nicht auszahlen lassen und es auch nicht an deine Kinder vererben.

Die Rürup-Rente unterliegt zudem Gesetzen und Regulierungen, die sich im Laufe der Zeit ändern können – schließlich können zwischen der ersten Beitragszahlung und der letzten Rentenzahlung mehrere Jahrzehnte liegen. Ändern sich zum Beispiel die Möglichkeiten der steuerlichen Absetzbarkeit, kann die Rürup-Rente plötzlich wesentlich unattraktiver und lohnenswert sein. Auch unterliegen die Anbieter von Rürup-Renten häufig begrenzten Anlageoptionen. Das gilt insbesondere für Versicherer, die die Rürup-Gelder ihrer Kunden oft in nur wenige Fonds investieren. Schränkt dies die Renditechancen ein, können die erzielten Erträge geringer ausfallen als prognostiziert und die Altersrente kann niedriger sein als erwartet.

Vor dem Abschluss solltest du dich deshalb umfassend informieren, ob eine Rürup-Rente für deine persönliche Situation geeignet ist. Das heißt, du solltest die Rürup-Rente mit anderen Formen der Altersvorsorge vergleichen und prüfen, wie sie in deine gesamte Altersvorsorgestrategie passt. Wenn du dir unsicher bist, solltest du dir für eine fundierte Entscheidung gegebenenfalls Rat von unabhängigen Ruhestandsberatern holen.

Anlegen mit Fonds, ETFs oder mit Garantiezins

Und natürlich solltest du auch auf ein paar Dinge bei deinem Vertrag achten. Wie schon erwähnt, kannst du wählen, wie dein Geld bei der Rürup-Rente angelegt wird. So gibt es die Rürup-Rente als klassische Rentenversicherung. In dieser Form legt der Versicherer das Kapital der Versicherten konservativ an, meist in festverzinslichen Anlagen. Die Renditeerwartung ist allerdings gering: Bei Neuverträgen liegt der Garantiezins nur bei 0,25 Prozent. Klassische Rürup-Rentenversicherungen sind höchstens für sehr sicherheitsbewusste Menschen geeignet, die nur wenige Jahre bis zum Renteneintritt haben.

Wenn du mit dem Rürup-Sparen mehr Kapital aufbauen möchtest, solltest du anstatt auf eine klassische Rentenversicherung auf Wertpapiere setzen, also auf Fonds- oder ETF-Sparpläne. Die Beiträge fließen dann in ein Wertpapierdepot mit höheren Renditechancen. Ein großer Vorteil ist, dass keine Kapitalertragssteuer anfällt, da der Wertzuwachs in der Ansparphase steuerfrei ist. Du hast hier also einen doppelten Steuervorteil: Zum einem sparst du bei der deiner Einkommenssteuer, zum anderen musst du keine Abgeltungssteuer zahlen.

Versicherer und Banken setzen dabei in der Regel Fonds ein, die sie selbst aufgelegt haben. Meistens sind sie mit relativ hohen Gebühren verbunden. Die Performance von Fonds rechtfertigt diese Gebühren in aller Regel nicht. Hier solltest du also genau hinschauen, bevor du dich für eine solche Fonds-Lösung entscheidest.

Unabhängige Anbieter hingegen nutzen breit gestreute Portfolios aus kostengünstigen ETFs. Solche Lösungen werden zum Beispiel unter Bezeichnungen wie „Altersvorsorge mit ETFs und doppeltem Steuervorteil“ oder „Beim ETF Sparen Steuervorteile nutzen“ angeboten. Vielfach besteht die Wahl zwischen mehreren Standardstrategien, gemäß derer das Kapital angelegt wird. Das können defensive, ausgewogene oder renditeorientierte Strategien sein mit entsprechend hohem Aktienanteil, aber auch regelbasierte sowie nachhaltige Strategien.

Der Kostenunterschied kann einen erheblichen Einfluss auf deinen Vermögensaufbau haben, wie diese Beispielrechnung zeigt:

Eine 45-Jährige möchte 10.000 Euro pro Jahr in einem Rürup-Vertrag sparen. Nach 20 Jahren hat sie 200.000 Euro eingezahlt. Die angenommene jährliche Rendite beträgt 5,6 Prozent. Bei einem Versicherer fallen dabei im Durchschnitt 3,41 Prozent pro Jahr an Kosten an für Abschlussprovision, Vertrieb, Verwaltung und die Fondsprodukte. Die Rendite nach Kosten fällt mit 2,19 Prozent pro Jahr recht mager aus. Das Ergebnis nach 20 Jahren ist ein Alterskapital von 253.000 Euro.

Bei einer günstigeren Lösung mit ETFs sind die Gesamtkosten mit 1,15 Prozent viel niedriger. Die Rendite nach Kosten ist mit 4,45 Prozent viel höher. Das Ergebnis nach 20 Jahren ist 326.000 Euro. Das sind 73.000 Euro mehr als bei einem Versicherer.

Unterm Strich kann die Basisrente eine gute Möglichkeit der privaten Altersvorsorge sein. Allerdings lohnt sie sich vor allem für bestimmte, besserverdienende Sparer. Der Hauptvorteil ist die Absicherung des Langlebigkeitsrisikos. Du solltest dich auf jeden Fall vor Abschluss eines Vertrags beraten lassen.

Mehr Alterskapital dank günstigerer Lösung

	Günstige Lösung	Durchschnitt zehn Versicherer
Einzahlung pro Jahr	10 000 €	10 000 €
Summe Einzahlung	200 000 €	200 000 €
Jährliche Rendite*	5,60%	5,60%
Gesamtkosten pro Jahr**	1,15%	3,41%
Rendite nach Kosten	4,45%	2,19%
Summe Alterskapital	326 000 €	253 000 €
Vorteil günstige Lösung	73 000 €	

*Die Kosten sind ein nicht zu unterschätzender Faktor. Die günstigere Lösung bringt in diesem Beispiel einen Vorteil von 73.000 Euro. Basis ist dabei eine Auswertung anhand der Produktinformationsblätter der Top-10-Versicherer in Deutschland. Quelle: VZ VermögensZentrum; * Annahme bei einer Aktienquote von 70 Prozent; ** Abschluss- und Vertriebskosten, Verwaltungskosten und Fondsproduktkosten*

Unabhängig davon, wie du dich entscheidest – ob Fonds oder ETF: Wenn du diesen Weg wählst, musst du dir bewusst machen, dass Wertpapiere Wertschwankungen, Verlustrisiken und gegebenenfalls auch Fremdwährungsrisiken unterliegen. Der Aktienanteil des Wertpapierdepots sollte deswegen deinem individuellen Risikoprofil entsprechen und in den Jahren vor Rentenbeginn schrittweise reduziert werden. Anders als bei der Rieser-Rente gibt es bei der Rürup-Rente keine gesetzlich vorgeschriebene Beitragsgarantie. Beitragsgarantie bedeutet, dass Versicherte mindestens ihre eingezahlten Beiträge als Rente zurückbekommen.

Zwar kannst du eine solche Garantie optional vereinbaren. Eine solche Absicherung erfordert aber eine konservative Anlagestrategie in sichere Geldanlagen. Mit einer Beitragsgarantie gibt es zwar keine Verlustrisiken, gleichzeitig ist die Renditeerwartung niedriger. Ohne Beitragsgarantie kann das Kapital in eine größere Auswahl an Fonds oder ETFs und insgesamt renditeorientierter angelegt werden. Verlustrisiken stehen der Möglichkeit einer höheren Rürup-Rente gegenüber.

Unterm Strich bietet die Rürup-Rente mehrere interessante Vorteile, sofern sie in der persönlichen Altersvorsorgestrategie richtig eingesetzt wird. Dabei sollten die Kosten niedrig gehalten und die Renditechancen optimiert werden. Optimal ist eine Rürup-Rente, die das stark steuerbegünstigte Sparen für die Altersvorsorge, Versicherungsschutz und ertragsstarke ETF-Anlagen kombiniert. Achte darauf, dass du eine Rürup-Rente mit Wertpapieren wählst und in der Ansparphase vom doppelten Steuervorteil profitierst.

Und hier noch mal auf einen Blick: So sicherst du deine Rente

So, wir sind am Ende! Über viele Seiten habe ich dir unser Rentensystem erklärt und wie du privat fürs Alter vorsorgen kannst. Zum Schluss will ich noch einmal die wichtigsten Punkte zusammenfassen:

1. Die Höhe deiner gesetzlichen Rente richtet sich zum einem nach der Zahl der Entgeltpunkte, die du während deines Arbeitslebens sammelst. Verdienst du genauso viel wie der Durchschnitt, wandert ein Entgeltpunkt auf dein Rentenkonto. Der andere wichtige Faktor ist der Rentenwert. Er gibt an, wie viel ein Entgeltpunkt wert ist. Das heißt, die Höhe deiner Rente ergibt sich im Wesentlichen aus der Multiplikation deiner gesammelten Entgeltpunkte mit dem Rentenwert.
2. Du kannst einiges tun, um deine gesetzliche Rente zu steigern. Überlege dazu vor allem, wie du dein Einkommen erhöhen kannst. Das kann ein besserer Job sein oder aber die Aufstockung der Stunden, wenn du Teilzeit arbeitest. Auch wer über das Renteneintrittsalter hinaus arbeitet, kann seine Rente erhöhen.
3. Für dein Einkommen im Alter solltest du dich aber nicht allein auf deine gesetzliche Rente verlassen. Denn der demografische Wandel belastet das Rentensystem. Es ist absehbar, dass die Renten langsamer steigen werden als die Löhne. Das heißt, zwischen deinem Einkommen und deiner Rente wird es eine Lücke geben. Wenn du dich im Alter nicht zu sehr einschränken willst, musst du vorsorgen.
4. Als private Altersvorsorge bieten sich vor allem Aktien an. Mit der richtigen Strategie kannst du die Risiken minimieren und erzielst trotzdem eine gute Rendite mit deinem Depot. Auch mit kleinen Summen kannst du schon starten. Je früher, desto besser.

5. Eine andere gute Möglichkeit sind Immobilien. Hier kannst du dir nach und nach ein passives Einkommen aufbauen.
6. Wenn du dich für eine Betriebsrente oder Rürup-Rente entscheidest, kannst du von steuerlichen Vorteilen beim Vermögensaufbau profitieren.
7. Eine Lebensversicherung ist wegen der hohen Kosten dagegen in der Regel nicht empfehlenswert.
8. Habe keine Angst vor dem Alter oder Altersarmut. Du hast es selber in der Hand, vorzusorgen, und kannst zum Retter deiner Rente werden!

Hoffentlich konnte ich dir mit diesem Buch helfen, unser Rentensystem zu verstehen. Ich hoffe natürlich auch, dass du viele Tipps und Inspirationen mitnehmen konntest, wie du deine Rente aufbessern kannst, sodass du dein Leben auch im Alter genießen kannst. Über eine Bewertung würde ich mich sehr freuen, wenn dir das Buch gefallen hat!

Anhang

Hier findest du die versprochenen vertiefenen Informationen zu einigen Aspekten, die ich nur kurz angesprochen hatte. Die Erläuterungen basieren auf Auszügen aus meinem Buch „Geldanlage war noch nie so einfach wie heute".

Warum du ein Depot brauchst und wie du es eröffnest

Wenn du an der Börse investieren willst, brauchst du ein Depot. Das ist ein Konto, über das du Aktien kaufen und verkaufen kannst – genauso wie Fonds oder ETFs. Das Angebot ist ziemlich groß.

Es gibt zahlreiche Banken und Online-Broker, aus denen du wählen kannst. Sie unterscheiden sich vor allem in den Gebühren, die sie für den Aktienhandel verlangen. Manche berechnen dir auch noch eine monatliche Grundgebühr. Aber es gibt auch immer mehr kostenlose Angebote.

Neben den Gebühren würde ich noch darauf achten, wie viele Sparpläne der Anbieter im Angebot hat. Denn Sparpläne sind eine sehr einfache Art, in Aktien zu investieren. Auch hier gibt es viele kostenlose Angebote.

Es gibt zum Glück zahlreiche Vergleichsrechner im Internet, die dir bei der Auswahl helfen. Verzettle dich aber nicht. Man kann viel Zeit mit diesen Vergleichen verbringen und die Suche nach einem passenden Depot kann eine hervorragende Ausrede sein, um das Investieren aufzuschieben. Nimm eines, das halbwegs passend ist. Wenn es doch nicht das richtige sein sollte, kannst du relativ einfach wechseln.

Hast du den passenden Anbieter gefunden, kannst du mit wenigen Klicks dein Depot eröffnen. Das ist eigentlich alles sehr einfach, wie wenn du ein Konto eröffnest. Wichtig: Du musst mit deinem Depot nicht bei der Bank sein, bei der du dein Konto hast. Du bist da in deiner Wahl völlig frei.

Okay, du hast nun Dein Depot. Wie geht es jetzt weiter? Wie kaufst du jetzt eine Aktie oder einen ETF? Auch das ist gar nicht so schwierig. Verwende am besten die Suchfunktion, um das gewünschte Wertpapier zu finden. Vielleicht hast du ja sogar die ISIN oder die Wertpapierkennnummer, WKN abgekürzt, zur Hand. Dann geht es noch besser und schneller. ISIN und WKN sind individuelle Nummern für jedes Wertpapier. Du findest sie auf den Börsenseiten eigentlich immer in der Nähe des Aktiencharts. Sie werden nur einmal vergeben. So ist immer klar, welches Wertpapier gemeint ist.

Um mal ein Beispiel zu geben, damit du auch weißt, wie die Nummern aussehen: Die ISIN des ETFs von iShares auf den MSCI World lautet IE00B4L5Y983, die WKN A0RPWH. Die Microsoft-Aktie hat die ISIN US5949181045 und die WKN 870747.

Hast du die gewünschte Aktie oder den gewünschten ETF gefunden, wählst du die Stückzahl aus. Hier ist mein Tipp, für eine größere Summe zu kaufen. Etwa 1.000 Euro ist so ein Richtwert. Denn in aller Regel werden für den Kauf und den Verkauf Fixkosten fällig, etwa Gebühren des Brokers oder des Handelsplatzes. Diese Gebühren fallen natürlich weniger ins Gewicht, wenn deine Order größer ist.

Wenn du ein Wertpapier kaufen willst, musst du oft auch noch den Handelsplatz auswählen. Die Börse in Frankfurt, wo auch das Computer-Handelssystem Xetra steht, ist zwar die bekannteste Börse in Deutschland, aber nicht die einzige. Auch in München oder Stuttgart gibt es zum Beispiel Börsen, bei denen du Wertpapier kaufen oder verkaufen kannst. Und dann gibt es oft noch den Direkthandel.

Die Unterschiede zwischen den Börsen liegen in den Gebühren für die Transaktion und oft auch in der Liquidität, das heißt, wie oft die Aktie gehandelt wird. Je größer die Stückzahl ist, desto schneller bekommst du deine gewünschte Aktie. Außerdem ist bei einem großen Angebot der Kurs besser, wie die Profis sagen. Das bedeutet, dass die Marge des Aktienhändlers geringer ist.

Zerbrich dir am Anfang nicht zu sehr den Kopf über den besten Handelsplatz. Das ist eher etwas für Fortgeschrittene, die wirklich ihre Rendite optimieren wollen. Hebe dir das für später auf, wenn du erste Erfahrungen mit Aktien gemacht hast. Sonst verzettelst du dich und kaufst dir nie deine erste Aktie oder deinen ersten ETF! Schließlich musst du bei deinem Aktienauftrag noch sagen, wann deine Order ausgeführt werden soll. Auch hier gibt es wieder verschiedene Möglichkeiten. Am einfachsten ist es, du wählst „Billigst" aus. Dann wird deine Order sofort ausgeführt. Die anderen Optionen sind wieder eher etwas für Fortgeschrittene, die zum Beispiel Aktien nur zu einem bestimmten Kurs kaufen wollen und dafür auch bereit sind, etwas zu warten.

So, das war's! Jetzt brauchst du nur noch auf „Kaufen" oder „Bestätigen" zu klicken. Am Anfang mag der ganze Kauf- und Verkaufsprozess etwas kompliziert wirken. Aber ziemlich schnell wirst du Routine bekommen.

Einen Sparplan einrichten

Bei einem Sparplan kaufst du jeden Monat für einen festen Betrag Anteile an ausgewählten Fonds oder ETFs. Auch Aktien sind möglich. Der Betrag muss gar nicht hoch sein. Je nach Anbieter ist es schon für 50 Euro oder sogar weniger möglich. Du musst also gar nicht viel Geld haben, um in Aktien zu investieren. Das Vorurteil, Aktien seien nur etwas für Reiche, ist komplett falsch.

Wie sieht nun so ein Sparplan aus? Ein Sparplan ist wie eine Art Dauerauftrag. Du legst einen Betrag fest und jeden Monat fließt diese Summe automatisch ins ausgewählte Wertpapier. Du musst dich also um nichts kümmern. Nur einmal Summe und Wertpapier auswählen – und das war's.

Und da du jeden Monat für eine kleine Summe kaufst, musst du dir keine Gedanken machen, ob die Kurse steigen oder fallen. Du umgehst also das Problem des Timings. Fallende Kurse sind sogar gut, wenn du einen langen Anlagehorizont hast. Denn dann erwirbst du mehr Anteile für dein Geld, also Anteile, deren Wert steigen kann. Man spricht hier vom Cost-Average-Effekt, also vom Durchschnittskosteneffekt. Wenn die Kurse niedrig sind, kaufst du mehr Anteile; wenn sie hoch sind, weniger. Am Ende hast du auf diese Weise nicht den besten, aber auch nicht den schlechtesten Kurs.

Wie gesagt: Einmal eingerichtet, musst du dich bei einem Sparplan um nichts mehr kümmern. Du solltest jedoch versuchen, deine Sparsumme immer weiter zu erhöhen. Denn du willst ja schließlich Vermögen aufbauen. Oft kann man eine solche Dynamisierung einstellen. Sollte jedoch einmal das Geld knapp sein, kannst du auch die Summe senken oder den Sparplan pausieren. Du kannst sogar Anteile verkaufen, wenn es echt kritisch ist. Du bist also auch sehr flexibel und legst dich nicht auf Jahre fest. Ein Sparplan ist wie ein Abo, das du jederzeit kündigen kannst.

Wichtige Kennzahlen für den Kauf einer Aktie

Es gibt viele Zahlen, die für die Bewertung eines Unternehmens wichtig sind. Da sind erst einmal die reinen Geschäftszahlen, die in der Regel vierteljährlich in Quartalsberichten und zusammenfassend im jährlichen Geschäftsbericht veröffentlicht werden. Hier sind der Umsatz, also sozusagen die Gesamteinnahmen, und der Gewinn wichtig. Der Gewinn ist die Summe, die nach Abzug aller Kosten übrig bleibt. Viel Beachtung findet neben dem Gewinn auch das Ebit. Die Abkürzung steht für „Earning before interest and taxes“, also „Gewinn vor Zinsen und Steuern“. Das Ebit gibt oft ein besseres Bild darüber, wie das Geschäft des Unternehmens läuft. Vor allem lassen sich mit dem Ebit auch Unternehmen aus unterschiedlichen Ländern gut vergleichen. Denn die Steuersysteme unterscheiden sich ja schon oft.

Wichtig ist dabei: Betrachte die Zahlen nie isoliert, sondern immer im Zusammenhang. Das heißt: Schau, wie die Entwicklung über die letzten Quartale oder Jahre war. Nimmt der Gewinn zum Beispiel eher zu oder eher ab? Diese Tendenz ist wichtiger als die absolute Höhe. Wenn der Gewinn seit längerer Zeit schrumpft, ist das definitiv kein gutes Zeichen, selbst wenn das Unternehmen noch ordentlich verdient.

Genauso ist es nicht automatisch ein schlechtes Zeichen, wenn das Unternehmen Verlust macht. Gerade bei jungen Unternehmen ist das völlig normal, weil sich hier ja das Geschäft gerade entwickelt. Auch hier ist die Tendenz wichtig: Wird der Verlust kleiner oder größer? Steigt der Umsatz? Die Zahlen richtig zu verstehen, ist definitiv nicht einfach. Das braucht etwas Erfahrung. Merke dir am Anfang vor allem, was ich vorhin geschrieben habe: Eine Zahl, allein betrachtet, ist wenig aussagekräftig. Es kommt immer auf den Vergleich an.

Das ist auch für die nächste Kennzahl wichtig. Denn natürlich ist die Bewertung des Unternehmens ein Punkt mit großer Bedeutung. Bewertung heißt: Wie viel von der künftigen Geschäftsentwicklung ist schon im Kurs enthalten?

Eine interessante Zahl ist hierfür das Kurs-Gewinn-Verhältnis, kurz KGV. Das KGV hilft bei der Beantwortung der Frage, ob eine Aktie „billig" oder „teuer" ist. Denn der Preis, zu dem eine Aktie an der Börse gehandelt wird, sagt ja nichts drüber aus, ob er angemessen ist. 50 Euro klingen vielleicht viel und zehn Euro wenig. Aber die Aktie für zehn Euro kann aus Sicht eines Anlegers teuer sein und die für 50 Euro billig. Da spielen vielen Faktoren rein, zum Beispiel die Zahl der Aktien. Denn bei wenigen Aktien ist der Gewinn je Aktie höher und auch mein Anteilsschein ist wertvoller. Denn ich besitze einen größeren Anteil am Unternehmen. Aber vor allem auch die Geschäftsaussichten. Deshalb muss man bei der Frage „Teuer oder nicht?" den Kurs ins Verhältnis zu den erwarteten Gewinnen setzen. Und genau das macht das KGV auf Basis des erwarteten Gewinns je Aktie.

Dafür wird der aktuelle Aktienkurs einfach durch den erwarteten Gewinn je Aktie geteilt. Du findest das KGV eigentlich auf allen Börsenportalen, wenn du dort nach einer Aktie suchst. Diese Kennziffern stehen meistens neben oder unter dem Chart mit der Aktie. Da kann man dann sehen, dass ein Unternehmen ein KGV von zehn, 20 oder gar 100 haben kann – oder dass dort eben ein Strich steht. Denn wenn ein Unternehmen keinen Gewinn macht, gibt es auch kein KGV, logisch.

Je höher das KGV, desto höher sind die Erwartungen der Anleger an die künftigen Gewinne des Unternehmens. Das heißt aber auch, dass es bei einer Aktie mit einem hohen KGV schnell nach unten gehen kann, wenn sich diese hohen Erwartungen nicht erfüllen.

Jetzt wäre es aber zu einfach zu sagen, Aktien mit hohem KGV sind schlecht und Aktien mit niedrigem KGV gut. An der Börse ist alles eine Frage der Bewertung und des Risikos. Ich würde es eher so sagen, dass bei Aktien mit einem hohen KGV die Schwankungen größer sind.

Börsianer sprechen hier von der Volatilität. Aktien mit einem hohen KGV sind damit riskanter als Aktien mit einem niedrigen. Die Gefahr, dass es nochmal runtergeht, ist größer, weil bereits viele gute Nachrichten „eingepreist“ sind, wie die Profis sagen. Das heißt, dass man fest davon ausgeht, dass es so kommt. Trotzdem kann der Kurs natürlich noch weiter steigen und sogar regelrecht in die Höhe schießen, nämlich wenn die Nachrichten noch besser ausfallen als gedacht.

Junge Unternehmen aus der Tech- oder der Biotech-Branche haben oft ein hohes KGV. Denn sie stehen erst am Anfang ihrer Entwicklung und die Hoffnungen und Erwartungen sind groß. Man sagt auch: Solche Unternehmen wachsen in ihre Bewertung rein. Auf der anderen Seite kann ein niedriges KGV bedeuten, dass die Investoren dem Unternehmen keine großen Steigerungen beim Gewinn in naher Zukunft zutrauen. Die Aktie hat wenig Fantasie, wie man so schön sagt. Große Kurssteigerungen sind also nicht zu erwarten. Im Umkehrschluss heißt das aber auch: Der Kurs schwankt nicht so stark, die Volatilität ist geringer (wenn alles normal läuft). Oft haben große, reife Unternehmen ein niedriges KGV. Sie haben ihr festes Geschäft und da passiert nicht mehr viel Überraschendes. Die Unternehmen „entschädigen“ die Anleger für den lahmen Kurs jedoch meist mit einer hohen Dividende.

Um ein Gespür dafür zu bekommen, ob ein KGV hoch oder niedrig ist, solltest du am Anfang am besten Unternehmen einer Branche vergleichen. Profis nutzen das KGV auch, um unterbewertete Firmen zu finden, also Firmen, die eigentlich mehr wert sind als in diesem Moment und daher relativ günstig zu haben. Dazu vergleichen sie zum Beispiel das KGV mit Durchschnittswerten aus der Branche. Weicht der Wert stark nach unten ab, kann das ein Hinweis darauf sein, dass hier verstecktes Potenzial liegt.

Über die Gastautoren und die Gastautorin

Dieses Buch habe ich nicht alleine geschrieben. Ein Teil besteht aus Gastbeiträgen, für die ich mich hier noch einmal bedanken möchte! Ihr Wissen haben beigesteuert:

Anaïs Cosneau studierte Architektur und Immobilienwirtschaft. Stationen in China, Singapur und der Schweiz machten sie zu einer der führenden Frauen in der Immobilienbranche in Deutschland. Sie hat bei den Topentscheidern der Branche wie Groß & Partner, Landmarken AG oder Becken gearbeitet. 2019 fing Anaïs an zu gründen. Sie ist Co-Founderin vom Happy Immo Club (der einzigen digitalen Bildungsplattform in Deutschland von Frauen für Frauen zum Thema Immobilien) und von Immofemme, einer Wohnungsgenossenschaft. Außerdem investiert sie privat und beruflich in Immobilien, investiert in Start-ups und ist Aufsichtsrätin.

Stefan Kemmler ist zertifizierter Spezialist für Ruhestandsplanung (FH) und Honorarberater in Köln. Er hat sich auf die Bedürfnisse von vermögenden „Best Agern" – der sogenannten Generation 50 plus – spezialisiert. Im Fokus stehen das Sichern des gewünschten Lebensstandards im wohlverdienten Ruhestand, der Erhalt von stetiger Selbstbestimmung und die steueroptimale Nachlassplanung. Mit seiner umfassenden

Vermögens- oder Ruhestandsplanung setzt er auf Weitblick. Nur so kann er eine hochwertige Vermögensberatung sicherstellen und für finanzielle Gelassenheit sorgen. Seine Mandanten sind vermögende Privatpersonen, Unternehmerpersönlichkeiten und Personen des öffentlichen Lebens. Im Durchschnitt verantwortet Kemmler weitaus über eine halbe Million Euro pro Mandat.

Christian Lange ist ausgewiesener Experte in Vorsorge- und Vermögensfragen. Er ist seit über 25 Jahren für das VZ VermögensZentrum tätig und gehört zum Gründungsteam des VZ in Deutschland. Täglich beschäftigt er sich mit Allfinanz-Vermögensfragen seiner Kundinnen und Kunden. Ausgebildet als Finanzökonom (ebs) und zertifiziert als Certified Financial Planner (CFP) ist Christian Lange Leiter der Kundenberatung des VZ VermögensZentrums in Deutschland. Das VZ ist eine unabhängige Finanzberatung und Vermögensverwaltung. Schwerpunkte sind Ruhestandsplanung, Geldanlagen, Altersvorsorge und Nachlassplanung.

Andreas Limoser ist seit 2006 für das VZ VermögensZentrum in München tätig. Er absolvierte an der LMU München ein M.-A.-Studium in Politischen Wissenschaften und BWL. Sein Schwerpunkt liegt in der Vermögensverwaltung und Beratung zur Geldanlage für vermögende Privatkunden. Im Jahr 2020 entwickelte er eine neue Dienstleistung zur Altersvorsorge. Dabei ging es ihm um die Kombination eines attraktiven ETF-Sparplans mit den hohen Steuervorteilen einer Basisrenten-Versicherung. Die VZ Altersvorsorge mit ETFs bietet als Basisrente eine provisionsfreie Altersvorsorge ohne versteckte Kosten. Sie hat Kunden bereits über zwei Millionen Euro an Steuern und Provisionen erspart.

Hilfreiche Links

Ich habe dir hier ein paar Links herausgesucht, die dir helfen können, ein paar Berechnungen für deine Rente und deine private Altersvorsorge anzustellen. Außerdem findest du hier Hinweise auf Broschüren der Deutschen Rentenversicherungen, die einige der angesprochenen Punkte in dem Buch noch einmal vertiefen.

Übersicht über alle Rechner der Deutschen Rentenversicherung

https://www.deutsche-rentenversicherung.de/DRV/DE/Online-Dienste/Online-Rechner/online_rechner.html

Übersicht über die Broschüren der Deutschen Rentenversicherung

https://www.deutsche-rentenversicherung.de/DRV/DE/Ueber-uns-und-Presse/Mediathek/Broschueren/broschueren_node.html

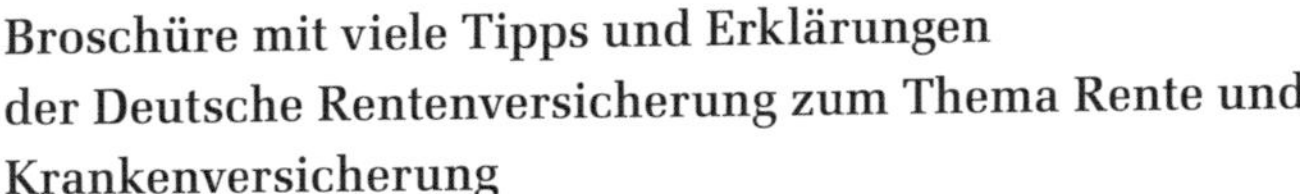

Broschüre mit viele Tipps und Erklärungen der Deutsche Rentenversicherung zum Thema Rente und Krankenversicherung

https://www.deutsche-rentenversicherung.de/SharedDocs/Downloads/DE/Broschueren/national/rentner_und_ihre_krankenversicherung.html

Weitere Hinweise zur Besteuerung von Renten findest du in dieser Broschüre der Deutschen Rentenversicherung

https://www.deutsche-rentenversicherung.de/SharedDocs/Downloads/DE/Broschueren/national/versicherte_und_rentner_info_zum_steuerrecht.html

Dieser Rechner gibt dir einen Überblick, wie hoch die Steuer auf deine Rente ist

https://www.finanzrechner.org/sonstige-rechner/rentenbesteuerungsrechner/

Die gesamte Rente aus verschiedenen Quellen auf einen Blick in der „Digitalen Rentenübersicht"

https://www.rentenuebersicht.de/

Antrag auf Kontenklärung

https://www.deutsche-rentenversicherung.de/SharedDocs/Formulare/DE/_pdf/V0100.html

Antrag auf Nachzahlung von freiwilligen Beiträgen für Ausbildungszeiten

https://www.deutsche-rentenversicherung.de/SharedDocs/Formulare/DE/_pdf/V0080.html

Antrag auf Feststellung von Kindererziehungszeiten

https://www.deutsche-rentenversicherung.de/SharedDocs/Formulare/DE/_pdf/V0800.html

Wie hoch wird deine Rente einmal sein? Dieser Rentenschätzer hilft dir

https://www.ihre-vorsorge.de/rechner/rentenrechner.html

Ab wann kannst du in Rente gehen? Dieser Rechner sagt es dir

https://www.deutsche-rentenversicherung.de/DRV/DE/Online-Services/Online-Rechner/RentenbeginnUndHoehenRechner/rentenbeginnrechner_node.html

Willst du wissen, wie viel deine künftige Rente aus heutiger Sicht wert ist, dann hilft dir dieser Barwertrechner

https://www.deutsche-rentenversicherung.de/DRV/DE/Online-Services/Online-Rechner/Barwertrechner/barwertrechner_node.html

Um zu erfahren, wie freiwillige Nachzahlungen deine Rente erhöhen, liefert dieser Rechner einen ersten Eindruck. Er richtet sich allerdings eher an Selbstständige. Daher lassen sich die Nachzahlungen für Ausbildungszeiten oder Sonderzahlungen nur bedingt abbilden.

https://www.ihre-vorsorge.de/rechner/freiwillige-rentenversicherung

Informationen für die Pflege von Angehörigen findest du hier

https://www.deutsche-rentenversicherung.de/DRV/DE/Rente/Familie-und-Kinder/Angehoerige-pflegen/angehoerige-pflegen_node.html

Informationen zur Altersrente für langjährige und besonders langjährige Versicherte

https://www.deutsche-rentenversicherung.de/DRV/DE/Rente/Allgemeine-Informationen/Rentenarten-und-Leistungen/Altersrente-fuer-langjaehrig-Versicherte/altersrente-fuer-langjaehrig-versicherte_node.html

Der Inflationsrechner verschafft dir einen Eindruck, wie sich die Preise entwickeln – wichtig für die Frage, was du dir später leisten kannst.

https://www.zinsen-berechnen.de/inflationsrechner.php

Literaturverzeichnis

Beck, Andreas: Erfolgreich wissenschaftlich investieren. Wer vor Krisen Angst hat, hat's nicht verstanden. 2022.

Bund Katholischer Unternehmer (Hrsg): Schreiber, Wilfried: Existenzsicherheit in der industriellen Gesellschaft. Unveränderter Nachdruck des „Schreiber-Plans" zur dynamischen Rente aus dem Jahr 1955. Diskussionsbeitrag Nr. 28, 2004.

Bundesministerium für Arbeit und Soziales (Hrsg.) Rentenversicherungsbericht 2022.

Deutsche Rentenversicherung (Hrsg.): Rente: So wird sie berechnet. Broschüre zum Download.

Housel, Morgan: Über die Psychologie des Geldes. Zeitlose Lektionen über Reichtum, Gier und Glück. 2021.

Immenkötter, Philipp: Das Risiko der einzelnen Aktien. Flossbachvonstorch-researchinstitute.com, 3.3.2021.

Jahresgutachten 2021/22 des Sachverständigenrates zur Begutachtung der gesamtwirtschaftlichen Entwicklung.

Kommer, Gerd: Gewichtung in einem passiven Aktienportfolio – Nach Marktkapitalisierung oder nach BIP?, gerd-kommer.de, Blogbeitrag von 4.8.23.

Kommer, Gerd: Souverän investieren vor und im Ruhestand. Mit ETFs Ihren Lebensstandard und Ihre Vermögensziele sichern. 2016.

Kommer, Gerd: Whitepaper. Investmentphilosophie von Gerd Kommer Capital. März 2022.

Kulke, Ulli: „Kinder kriegen die Leute immer", Welt.de, 23.9.2012.

Raffelhüschen, Bernd: Altersvorsorge nach Corona – damit müssen die kommenden Rentengenerationen rechnen. Analyse im Auftrag von Union Investment aus dem Jahr 2020.

Bundesministerium für Arbeit und Soziales (Hrsg.) Rentenversicherungsbericht 2022.

Voss, Markus: Rentenexperte: „Nahles' Rentenkonzept kostet uns 15 Milliarden Euro – pro Jahr"; FOCUS Online, 12.3.2017.

Weber, Martin: Die genial einfache Vermögensstrategie. So gelingt die finanzielle Unabhängigkeit. 2020.

Liebe Leserin, lieber Leser,

hat Ihnen dieses Buch gefallen?
Ihr Feedback, Ihre Anregungen und Ihre Kritik bedeuten uns viel, denn sie helfen uns, unsere Bücher kontinuierlich zu verbessern.

Die Meinung und Zufriedenheit unserer geschätzten Leserinnen und Leser stehen im Mittelpunkt unseres Schaffens. Ihre Gedanken sind uns wichtig.

Zögern Sie daher nicht, uns zu kontaktieren und Ihre Gedanken mit uns zu teilen. Senden Sie uns einfach eine E-Mail an:
feedback@eulogiaverlag.de

Besuchen Sie auch gern unsere Verlagsseite und entdecken Sie weitere spannende Bücher unter:
www.eulogiaverlag.de

Wir sind gespannt auf Ihre Nachricht und freuen uns darauf, von Ihnen zu hören!

Herzlichst
Ihr **Eulogia Verlag**